D1857451

MIEBACH LOGISTIK

Berater und Ingenieure

Jahrzehnte der Logistik

Herausforderungen

Innovation und Erfahrung

Erfolge

Bibliografische Information der Deutschen Bibliothek:
Die Deutsche Bibliothek verzeichnet diese Publikation in der Deutschen Nationalbibliografie; detaillierte bibliografische Daten sind im Internet über http://dnb.ddb.de abrufbar.

Bibliographic information published by Die Deutsche Bibliothek:
Die Deutsche Bibliothek lists this publication in the Deutsche Nationalbibliografie; detailed bibliographic data are available in the internet at http://dnb.ddb.de.

Information bibliographique de Die Deutsche Bibliothek:
Die Deutsche Bibliothek a répertorié cette publication dans la Deutsche Nationalbibliografie; les données bibliographiques détaillées peuvent être consultées sur Internet à l'adresse http://dnb.ddb.de.

Jahrzehnte der Logistik
Herausforderungen - Innovation und Erfahrung - Erfolge

© Miebach Logistik GmbH 2003
1. Auflage 2003
HUSS-VERLAG GmbH, 80912 München
Best.-Nr. 22 606
ISBN 3-931724-80-8

Alle Rechte der Verbreitung, auch durch Film, neue Medien, Fernsehen, fotomechanische Wiedergabe (Fotokopie, Mikrokopie), Speicherung in elektronischen Systemen jeder Art oder des auszugsweisen Nachdrucks und der Übersetzung sind vorbehalten.

Herstellung: BAVARIA-DRUCK GmbH, 80910 München

MIEBACH LOGISTIK
Berater und Ingenieure

Jahrzehnte der Logistik

Herausforderungen

Innovation und Erfahrung

Erfolge

Inhalt

Herausforderungen - Blick zurück und nach vorn

Innovation und Erfahrung

Erfolge

Herausforderungen -
Blick zurück und nach vorn

Dr. Joachim Miebach

Logistik als Wettbewerbsvorteil

Logistik ist ein Service, der zur Aufgabe hat, Waren, die von einem Ort A stammen, zum richtigen Zeitpunkt in der richtigen Menge und Qualität am Ort B bereitzustellen.

Aber oft wird Logistik als notwendiges Übel gesehen,
- das Kosten verursacht,
- schwer zu steuern ist und
- in seiner Komplexität an der Schnittstelle zwischen Technik, Kommunikation und Menschenführung nichts als Probleme verursacht.

Die Logistikleitung eines Unternehmens ist im Allgemeinen für fünf, zehn oder mehr Prozent der Gesamtkosten verantwortlich.

Bei Ausfällen steht die Produktion, es werden keine Verkäufe realisiert und es entstehen weitere Folgekosten. Darum müssen logistische Probleme sauber gelöst werden.

Die Bedeutung der Logistik im Wettbewerb um die Kundengunst wird ebenfalls oft verkannt. In Wirklichkeit ist sie jedoch meist der entscheidende Faktor. Nur wo Produkte so gut oder einzigartig sind wie beispielsweise italienische Möbel oder französischer Champagner braucht man auf Logistik keinen Wert zu legen: Die Kunden kaufen trotzdem, auch wenn vorhersehbar ist, dass die Lieferung sich verzögert, falsch ist und es keine Ersatzteile gibt.

"Normale" Produkte stehen jedoch meistens im harten Wettbewerb. Differenzierung über den Preis oder über aufwändige Werbung ist teuer. Differenzierung über Kundenzufriedenheit, die aus einer perfekten Logistik kommt, ist jedoch vergleichsweise billig: Terminlich verlässliche, vollständige und fehlerfreie Lieferungen machen die Prozesse beim Kunden unvergleichlich einfacher. Abnehmer, die keine Sicherheitsbestände aufbauen müssen, die nicht von Falschlieferungen und Rechnungskorrekturen geplagt werden, erkennen die Vorteile der Bestellung bei diesem Lieferanten sehr schnell.

Das Kunststück des Logistik-Managers besteht darin, zwischen perfektem Service und den damit verbundenen Kosten den richtigen Mittelweg zu finden. Auch hier heißt das Stichwort wieder: Differenzierung. Welcher Kunde benötigt wirklich welchen Service, bei welchen Kunden kann ich über den Servicevorteil tatsächlich zu einer größeren Kundenbindung kommen?

Aus diesen Überlegungen erwächst für die Logistik eine Aufgabe, die für die Gesamtunternehmung von erheblichem strategischen Wert ist: die fachkundige Unterstützung von Einkauf, Vertrieb und Marketing.

In diesem Sinne verstanden und ausgeübt bringt perfekte Logistik tatsächlich den entscheidenden Wettbewerbsvorteil.

6
Miebach Logistik

Prof. Dr.-Ing. Dr. h.c. Dieter Arnold
Institut für Fördertechnik und Logistiksysteme an der Universität Karlsruhe (TH)

Logistik - die Wissenschaft der Transferprozesse

Das Wort Logistik ist zum Sammelbegriff der Transferprozesse geworden, ohne die sich in Industrie, Handel und Dienstleistung nichts bewegt. Dieser Transfer kann sich ebenso auf materielle Güter wie auf Personen und Informationen beziehen. Logistik ist auch für viele Wissenschaftler ein attraktives Arbeitsgebiet geworden. Erst die methodische Vorgehensweise der Wissenschaft lässt die Gemeinsamkeiten erkennen, die hinter den scheinbar unterschiedlichen Aufgabenstellungen für innerbetriebliche und unternehmensübergreifende Logistikprozesse und den verschiedenartigen Erscheinungsformen logistischer Systeme stecken. Hierzu verwendet die Logistik sowohl Modelle und Methoden aus den Ingenieurwissenschaften wie auch aus den Wirtschaftswissenschaften. Angesichts der zunehmenden Vernetzung logistischer Prozesse und ihrer steigenden Komplexität muss das Methodenrepertoire laufend aus anderen Wissenschaftsbereichen ergänzt werden.

Für die Beschreibung der Systemstruktur logistischer Netze bietet sich die Graphentheorie an. Mit den Quellen und Senken der Flüsse und mit formalen Anordnungsbeziehungen der Knoten beschreibt man logistische Netzwerke in rechnerverständlicher Form. In diesen Netzen wird die Bewegung und das oft unvermeidbare Warten der Objekte mit analytischen Verfahren oder per Simulation am Computer untersucht. Der logistische Prozess findet ein theoretisches Optimum, wenn die Summe der Kosten aller Tätigkeiten minimal wird. Diese Tätigkeiten füllen jedoch in der Realität einen sehr umfangreichen Katalog von praktischen Maßnahmen, zum Beispiel aus Verkehr, Fördertechnik, Informations- und Kommunikationstechnik oder Organisation. Wollte man das alles bereits im Modell berücksichtigen, so würde eine nicht mehr handhabbare Komplexität entstehen. Daran erkennt man die Notwendigkeit der Beschränkung aufs Wesentliche und, dass die Probleme der Logistik mit wissenschaftlichen Methoden allein nicht immer lösbar sind. Oft genug führt erst die intuitiv gefundene gute Idee zum Erfolg.

Die realen Logistikprozesse entfernen sich immer weiter von ihren theoretischen Basismodellen, wenn Wettbewerbseffekte, unternehmensstrategische Entscheidungen oder vielstufige Abläufe berücksichtigt werden sollen, wie es beispielsweise für ein effizientes Supply Chain Management erforderlich ist. Die daraus resultierenden Streuungen der logistischen Grundgrößen (Mengen, Wege, Zeiten und Kosten) legen es nahe, die theoretischen Basismodelle mit Methoden der Wahrscheinlichkeitstheorie zu behandeln. Der Weg durch die Theorie endet stets befriedigend, wenn er zu praktisch verwertbaren Erkenntnissen führt.

Der interfakultative Charakter der Logistik zwingt Lernende und Lehrende immer wieder zum Blick über den Gartenzaun. Die offensichtliche Komplexität der Transferprozesse bietet eine Fülle reizvoller Ansätze zu wissenschaftlichen Arbeiten mit großer Relevanz für technische, wirtschaftliche und soziale Fragestellungen, die in einer globalen Wirtschaft immer wichtiger werden.

Beispiel für eine Optimierung nach dem Gradientenverfahren

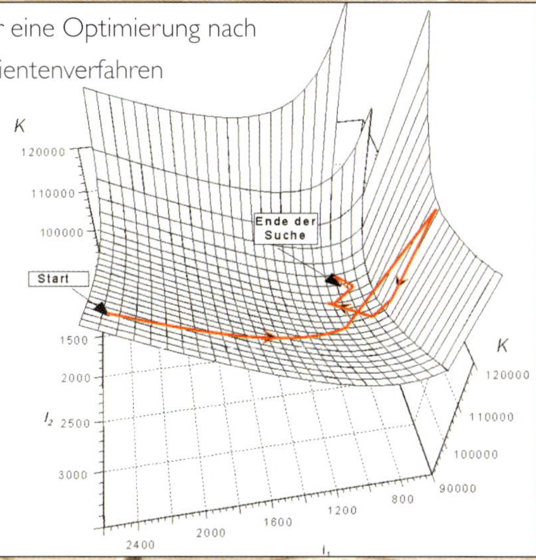

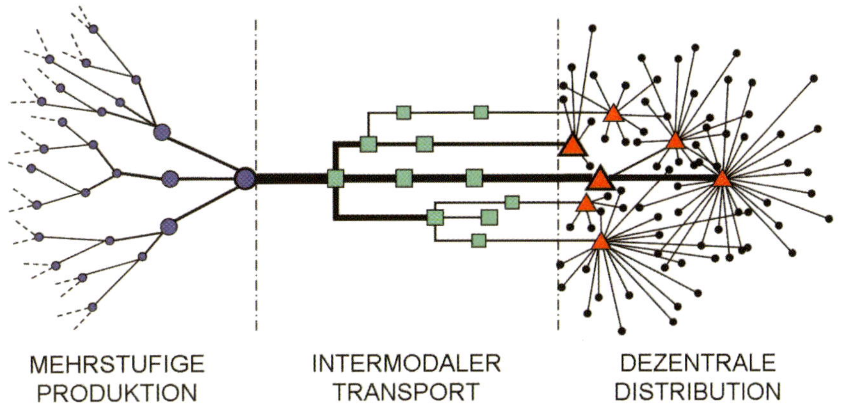

Symbolisches Logistiknetz zwischen Beschaffungs- und Absatzmarkt

Wolfgang Huss

Entwicklung und neue Trends in der Logistik

20 Jahre, nachdem die Einführung von Just-in-time-Konzepten zunächst in der Automobilindustrie revolutionäre Veränderungen von Strukturen und Beziehungen in der Wirtschaft einleitete, lässt sich über Trends und Entwicklungen in der Logistik nicht mehr in pauschaler, schlagzeilengerechter Weise sprechen: Logistik ist zu einem sich immer stärker differenzierenden Feld geworden.

Logistik darf dabei schon lange nicht mehr nur als klassisches Transportieren, Umschlagen und Lagern von Gütern verstanden werden. Vielmehr wird der Materialfluss mit begleitender Information über die gesamte Wertschöpfungskette betrachtet, von der Entwicklung und Beschaffung über Produktion bis zum Vertrieb. Folglich muss auch die Frage nach aktuellen Trends und Entwicklungen detaillierter betrachtet werden. Der globale Zusammenhang ist hier entscheidend.

Eine differenzierte Bewertung der Logistik muss anhand neuer Marktentwicklungen in den USA und Europa erfolgen. Denn Wachstum und Erträge in den Segmenten der Logistik-Dienstleistungswirtschaft entwickeln sich immer heterogener: Es verlieren die Stars der letzten 15 Jahre, es gewinnen wenig bekannte neue Akteure in unkonventionellen Logistik-Anwendungsfeldern.

Eines steht jedoch fest: Die Logistik übernimmt heute mehr Aufgaben denn je und bewegt stetig wachsende Warenströme. Sie ermöglicht die zielgerichtete Steuerung und Verwendung von Informationen auf ihrem Weg durch Unternehmen und entlang der gesamten Wertschöpfungskette. Durch die Gestaltung und Koordination aller unternehmensinternen und übergreifenden Waren- und Informationsflüsse verknüpft die Logistik Unternehmensteile, Lieferanten und Kunden in Netzwerken miteinander.

Die Entwicklung der Logistik ist derzeit maßgeblich durch die Individualisierung der Kundenbedürfnisse, die Vernetzung von Unternehmen und die Weiterentwicklung von Informationstechnologien geprägt. In der Folge werden sich die Supply Chains in vielen Branchen grundlegend wandeln. Starre, unbewegliche Strukturen aus überwiegend stark diversifizierten hochkomplexen Unternehmen verändern sich zu flexiblen, reaktionsfähigen Netzwerken. Nur diese erhöhte Flexibilität - basierend auf standardisierten Prozessen, Abläufen und Informationsflüssen - gewährleistet die heute geforderte kurze Reaktionszeit auf Nachfrageveränderungen.

Aufgrund der zunehmenden Bedeutung und Komplexität logistischer Abläufe kann kaum ein Unternehmen momentan ohne die enge Zusammenarbeit mit Lieferanten und Logistikdienstleistern Produkte herstellen oder verkaufen. Wesentliche Teile der logistischen Aufgaben werden von Externen übernommen: von der Beschaffung über die Entwicklung innovativer Logistik-Konzepte unter Einbindung neuester IuK-Technologie bis hin zum Transport und Umschlag. Arbeitsteilung ist ein Treiber für Produktivitätssteigerung. Deshalb werden sich zukünftig nicht mehr einzelne Unternehmen sondern ganze Supply Chains im Wettbewerb befinden. Dabei ist es Aufgabe der Logistik, deren Wettbewerbsfähigkeit durch Gestaltung, Steuerung und Gewährleistung der Wandlungsfähigkeit dauerhaft zu sichern.

Karriere in der LOGISTIK 2003
Prof. Dr. Horst Krampe / Dr. Hans-Joachim Lucke
Grundlagen der LOGISTIK
Einführung in Theorie und Praxis logistischer Systeme
2. erweiterte Auflage
LOGISTIK WISSEN MANAGEMENT
7
LOGISTIK WISSEN PRODUKTION
2
LOGISTIK WISSEN DISTRIBUTION
9
Distribution in der Konsumgüterindustrie
huss verlag
LOGISTIK HEUTE
DAS FACHMAGAZIN FÜR ENTSCHEIDER IN DER LOGISTIK
EXTRA: 25 Jahre BVL
Transport
Mobilität für die Zukunft
Management
Collaboration auf dem Prüfstand
IT-Lösungen
Materialfluss
FTS-Einsatz: Fleißige Helfer vor Ort
Distribution
Nebenwirkungen beim Versand von Arzneimitteln
Transport
Expertentreff Logistics Forum Duisburg
Mit richtiger Technik und Software zum Erfolg
SIEMENS DEMATIC
LogiMAT 2004
2. Internationale Fachmesse für Distribution, Material- und Informationsfluss in Stuttgart
EuroCARGO 2004
15. Internationale Fachmesse für Gütertransport, Logistik und Telematik in Köln

Innovation und Erfahrung

Innovation und Erfahrung

Ein Unternehmen entwickelt sich

1973 »In der heutigen Wirtschaft, die durch Produktivitätssteigerungen aufgrund von Arbeitsrationalisierung, durch den Trend zur Warenverteilung in großen Absatzorganisationen und durch Massenkonsum gekennzeichnet ist, gewinnen Transport- und Lagerprobleme eine immer entscheidendere Bedeutung.

Die mengen- und zeitmäßige Überbrückung zwischen wenig flexiblen Großserienfertigungen und schwankenden Verbraucherwünschen sowie die Umformung produktions- und einkaufsbedingter Einheiten in abnehmergerecht zusammengestellte Einheiten sind dabei die Hauptfunktionen des Lagers.

Diese beiden Aufgaben technisch einwandfrei und so kostengünstig wie möglich zu erfüllen, muss die Zielsetzung der Lagerplanung sein.

Es ist Ziel der vorliegenden Arbeit, die Gedanken des »Baukasten-« und Systemprinzips, die seit Jahren mit Erfolg in der Fertigung angewandt werden, auf die Planung zu übertragen: Aus standardisierten, vorgeplanten Systemelementen und Systemgruppen sollen Gesamtsysteme zusammengesetzt werden. Diese »systembezogene Planung« wäre das Gegenteil zur bislang angewandten Individualplanung, bei der für jeden Fall eine maßgeschneiderte Lösung angestrebt wurde.«

Joachim R. Miebach in der Einleitung zu seiner Doktorarbeit

2003 »Hartnäckig hält sich die Auffassung, die Miebach-Gruppe sei ein Engineeringunternehmen, das sich vornehmlich mit automatisierten Lagern beschäftige.

Aber unser Unternehmen hat sich in den Bereichen Supply Chain Strukturen, Materialflussprozesse, Informationsprozesse sowie Mensch & Organisation ständig weiter entwickelt.

Bei der Beratung integrieren wir diese Kompetenzen, um die Bedürfnisse unserer Kunden exakt auf den Punkt zu treffen.

Die Miebach Logistik Gruppe arbeitet seit 30 Jahren für führende Unternehmen und Institutionen in einem weiten Branchenspektrum, von der ersten strategischen Planung bis zum Projektmanagement der Umsetzung.

Wir sind überzeugt, dass eine Spezialisierung auf die Bedürfnisse und Prozesse einzelner Marktsegmente absolut notwendig ist. Ebenso sind wir überzeugt, dass das Verständnis der Logistikstrukturen unterschiedlicher Branchen unsere Problemlösungen verbessert.«

Dr. Joachim Miebach

Hintergrund: Titelblatt der Doktorarbeit von Dr. Joachim Miebach

1: Titelseite der ersten Firmenbroschüre 1973

2 - 5: Die Bildmarken der vier Kompetenzfelder Supply Chain Strukturen, Materialflussprozesse, Informationsprozesse sowie Mensch und Organisation 2003

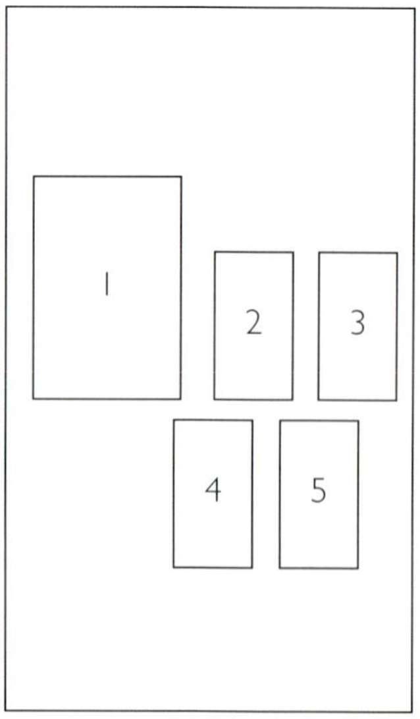

Die Grundlagen einer systembezogenen Planung von Stückgutlagern, dargestellt am Beispiel des Kommissionierlagers

DR.-ING. MIEBACH

GESELLSCHAFT FÜR INDUSTRIEBAU
UND MATERIALFLUSSTECHNIK M.B.H.

6 FRANKFURT/M. SCHÖNE AUSSICHT 16
TEL. 29 59 92

INGENIEURE
BETRIEBSWIRTE
ARCHITEKTEN

FÜR

INDUSTRIEBAU
LAGERTECHNIK
TRANSPORTANLAGEN
VERWALTUNGSBAUTEN

Joachim R. Miebach

Die vier Säulen der Miebach-Philosophie

Vier Basiselemente tragen die weltweiten Aktivitäten

Partnerkonzept

Der Grund dafür, dass aus Mitarbeitern Partner werden müssen, liegt darin, dass überragende Leistung immer auch ein Zeichen der Bereitschaft ist, Verantwortung zu tragen.

Und Verantwortungsbewusstsein zeichnet den Unternehmer aus. In der Miebach Logistik Gruppe sind es nun einmal hochqualifizierte Kräfte, die mit ungewöhnlichem Einsatz und persönlichem Engagement umfangreiche logistische Projekte von der Planung bis zum zielorientierten Abschluss begleiten.

So ist es nur logisch, aus diesen Mitarbeitern Partner zu machen, damit unsere Kunden dauerhaft auf diese engagierte und kompetente Beratung bauen können.

Internationalität

Im zweiten Jahrzehnt des Bestehens expandierte Miebach Logistik zunächst in Europa - Spanien, Schweiz, Großbritannien - dann auch in Süd- und Nordamerika sowie in Asien.

Es waren jeweils die Kunden, die mit Projekten vor Ort die Miebach-Berater ins Ausland zogen. Dort wurden dann - zum Teil mit einheimischen Beratern als Gesellschafter - neue Miebach Gesellschaften gegründet.

So konnte Miebach Logistik weltweit Beratungs- und Ingenieur-Leistungen vor Ort, aber auf internationalem Niveau anbieten.

Training

Personalpolitik bei Miebach Logistik ist, junge Ingenieure einzustellen und langfristig ans Unternehmen zu binden.

Daher durchlaufen alle neuen Mitarbeiter eine Reihe interner Schulungen: das Basic Logistics Training (BLT) mindestens zwei Kompetenzfeld-Trainings (KF-Training) und ein Kommunikationstraining.

Daran schließen sich dann Project Management- und Führungstrainings an sowie interne Spezialtrainings.

Knowledge-Management

Über alle Niederlassungen und Kompetenzen hinweg gibt es ein Knowledge-Management. Zwei Mitarbeiter betreiben das Miebach Logistik Group Network, in dem alle Projekte, Methoden, Tools und alle Mitarbeiter mit ihren speziellen Kompetenzen erfasst sind.

Ständig aktualisiert bietet es schnellen Zugriff auf das »Gruppenwissen« weltweit.

1: Die Standorte der Miebach Logistik Gruppe
2: Das interne Weiterbildungskonzept
3: Screenshot auf das interne Group-Network
4: Die »Company Values«

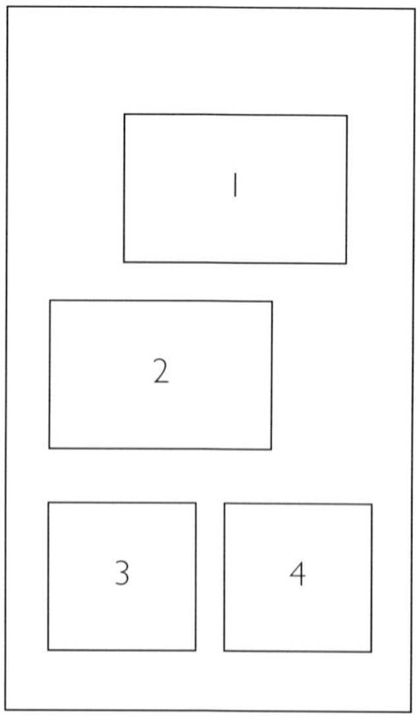

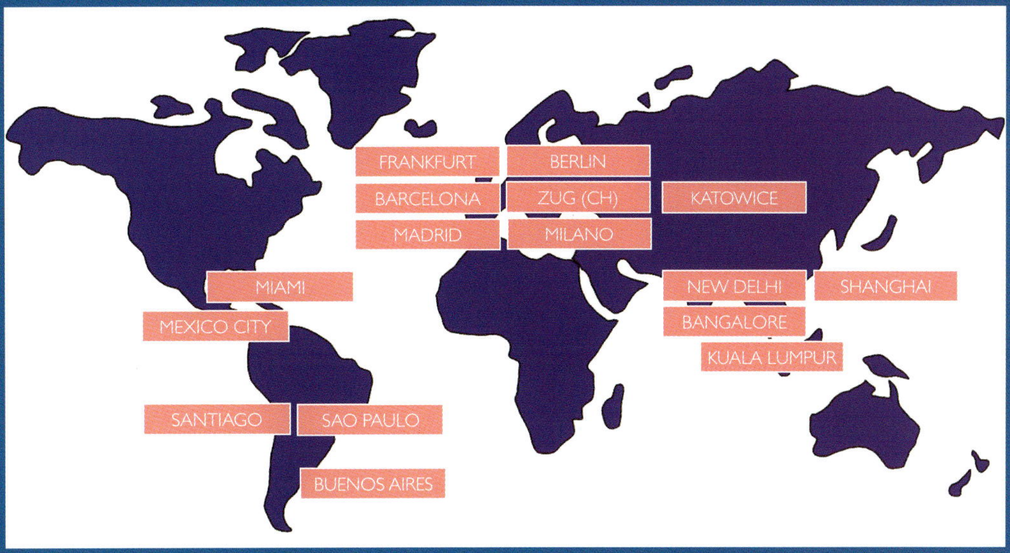
FRANKFURT
BERLIN
BARCELONA
ZUG (CH)
KATOWICE
MADRID
MILANO
MIAMI
NEW DELHI
SHANGHAI
MEXICO CITY
BANGALORE
KUALA LUMPUR
SANTIAGO
SAO PAULO
BUENOS AIRES

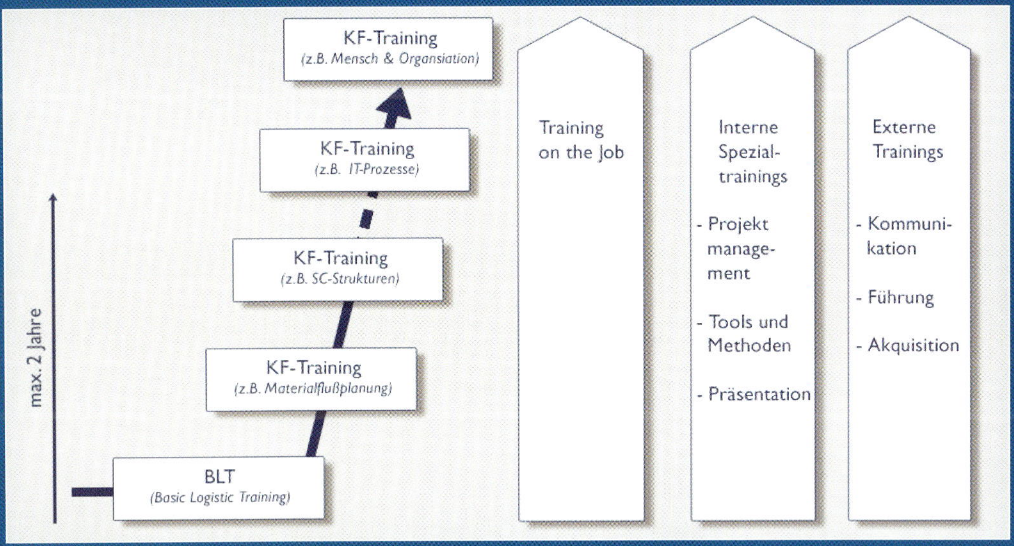
KF-Training
(z.B. Mensch & Organsiation)
KF-Training
(z.B. IT-Prozesse)
KF-Training
(z.B. SC-Strukturen)
KF-Training
(z.B. Materialflußplanung)
BLT
(Basic Logistic Training)
max. 2 Jahre
Training on the Job
Interne Spezial-trainings
- Projekt manage-ment
- Tools und Methoden
- Präsentation
Externe Trainings
- Kommuni-kation
- Führung
- Akquisition

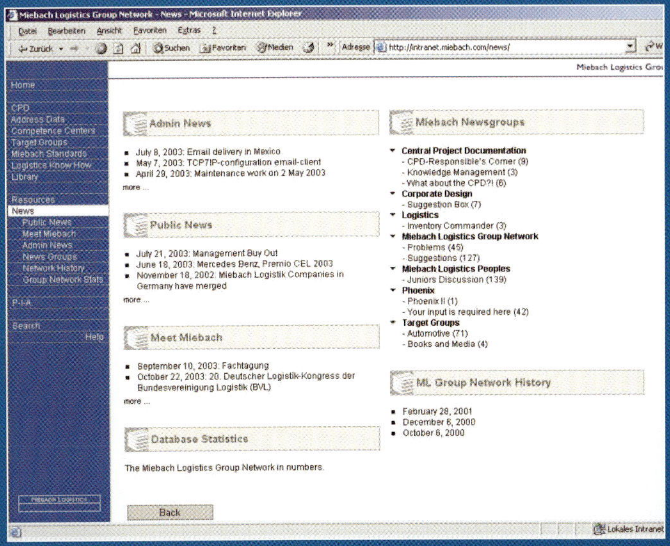
Miebach Logistics Group Network - News - Microsoft Internet Explorer
Datei Bearbeiten Ansicht Favoriten Extras ?
Zurück Suchen Favoriten Medien Adresse http://intranet.miebach.com/news/
Home
CPD
Address Data
Competence Centers
Target Groups
Miebach Standards
Logistics Know How
Library
Resources
News
Public News
Meet Miebach
Admin News
News Groups
Network History
Group Network Stats
P-I-A
Search
Help
Admin News
July 8, 2003: Email delivery in Mexico
May 7, 2003: TCP7IP-configuration email-client
April 29, 2003: Maintenance work on 2 May 2003
more ...
Public News
July 21, 2003: Management Buy Out
June 18, 2003: Mercedes Benz, Premio CEL 2003
November 18, 2002: Miebach Logistik Companies in Germany have merged
more ...
Meet Miebach
September 10, 2003: Fachtagung
October 22, 2003: 20. Deutscher Logistik-Kongress der Bundesvereinigung Logistik (BVL)
more ...
Database Statistics
The Miebach Logistics Group Network in numbers.
Back
Miebach Newsgroups
Central Project Documentation
- CPD-Responsible's Corner (9)
- Knowledge Management (3)
- What about the CPD?! (6)
Corporate Design
- Suggestion Box (7)
Logistics
- Inventory Commander (3)
Miebach Logistics Group Network
- Problems (45)
- Suggestions (127)
Miebach Logistics Peoples
- Juniors Discussion (139)
Phoenix
- Phoenix II (1)
- Your input is required here (42)
Target Groups
- Automotive (71)
- Books and Media (4)
ML Group Network History
February 28, 2001
December 6, 2000
October 6, 2000
Lokales Intranet

Company Values
Wertschätzung
Kundenorientierung
Ausgeglichenes Leben
Professionalität & Qualität
Teamgeist & Offenheit
Permanentes Lernen
Gelebte Internationalität
Analytisches Vorgehen

1973
Sesamstraße auf Deutsch
Carmen Thomas moderiert das Sportstudio
1974
Ein Herz und eine Seele
Volljährig ab 18
Herstatt-Pleite
Erstes Ikea-Möbelhaus
1975
»Rendezvous im All« mit Sojus 19 und Apollo 18
Kohl wird Kanzlerkandidat
Juan Carlos wird König von Spanien
1976
Mitbestimmungsgesetz
Zirkus Roncalli
König Karl XVI Gustav heiratet Silvia Sommerlath
Karstadt übernimmt Neckermann
1977
Charta 77
Emma. Zeitschrift von Frauen für Frauen
Elvis Presley stirbt
Entführung der »Landshut« nach Mogadischu
1978
Gerhard Schröder wird Juso-Vorsitzender
Kardinal Karol Wojtyla wird Papst Johannes Paul II.
1979
Gründung »Die Grünen«
Nato-Doppelbeschluss

Miebach Logistik in den 70er Jahren

Industriebau und Materialflusstechnik

In den 70er Jahren gab es bei der Miebach Logistik, die damals noch "Dr.-Ing. Miebach - Gesellschaft für Industriebau und Materialflusstechnik" hieß, drei herausragende, spektakuläre Projekte:

Das Versandlager des Buchgroßhändlers Lingenbrink mit 26 manuellen Regalbediengeräten und einer Sortertechnik, die zum ersten Mal über eine Art von Barcode gesteuert wurde. Das waren die ersten Anfänge der Barcodetechnik.

Das neue Zentrallager für SKF, Kernstück der Warenverteilung in Deutschland mit 15 automatischen Regalförderzeugen und konsequentem Einsatz des Prinzips Ware zum Mann - auch in dieser Hinsicht ein Novum in der Materialflusstechnik.

Das Zentrallager von Würth in Künzelsau, das 1977 in Betrieb ging. Damit legte die Firma Würth den Grundstein für die rationelle Logistik im gesamten Würth Konzern. Hier war es auch eine sehr fortschrittliche Sortertechnik, die zum Einsatz kam: ein Paketsorter, bei dem die Codierung elektromagnetisch in ein Stahlband eingelesen wurde. Dieser Sorter war noch bis 2002 in Betrieb - ein besonderes Beispiel nachhaltiger Planung.

1: Die neue Konzeption des Lingenbrink Versandlagers
2: Der erste »Barcode«. Auf dem Drucker wurde das $-Zeichen durch einen rechteckigen Block ersetzt. So entstehen beim Druck Streifen, deren Abstand zueinander vom Computer erkannt wird.
3: Blick ins Zentrallager. Rechts im Bild die Regalförderzeuge und die Ware-zum-Mann-Kommissionierung.

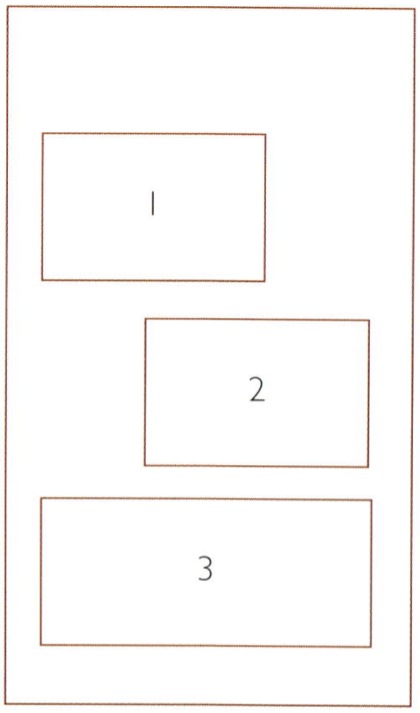

Libri
DIE NEUE
KONZEPTION

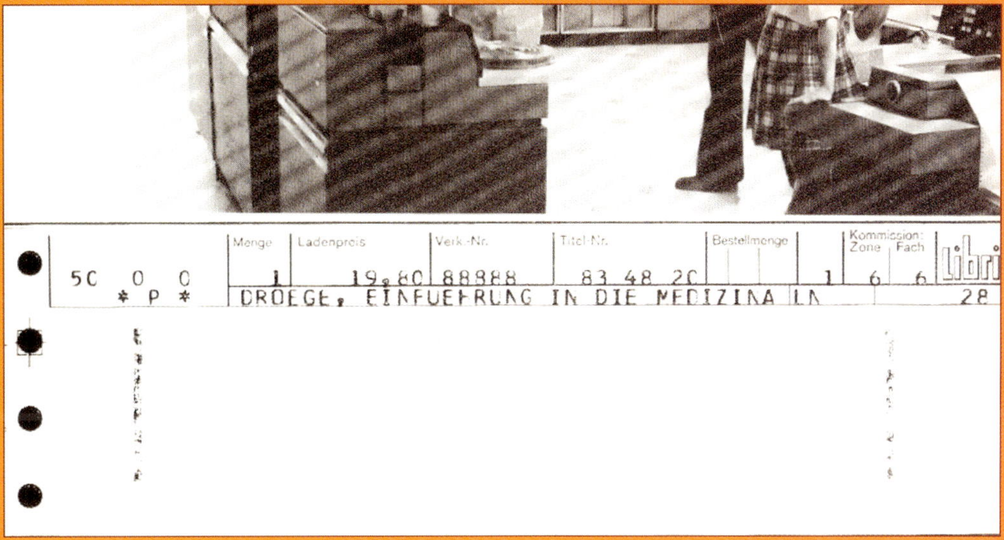
Menge
Ladenpreis
Verk.-Nr.
Titel-Nr.
Bestellmenge
Kommission: Zone Fach
Libri
5C 0 0
* P *
1
19,80
88888
83 48 2C
1
6
6
DROEGE, EINFUEHRUNG IN DIE MEDIZINA LN
28

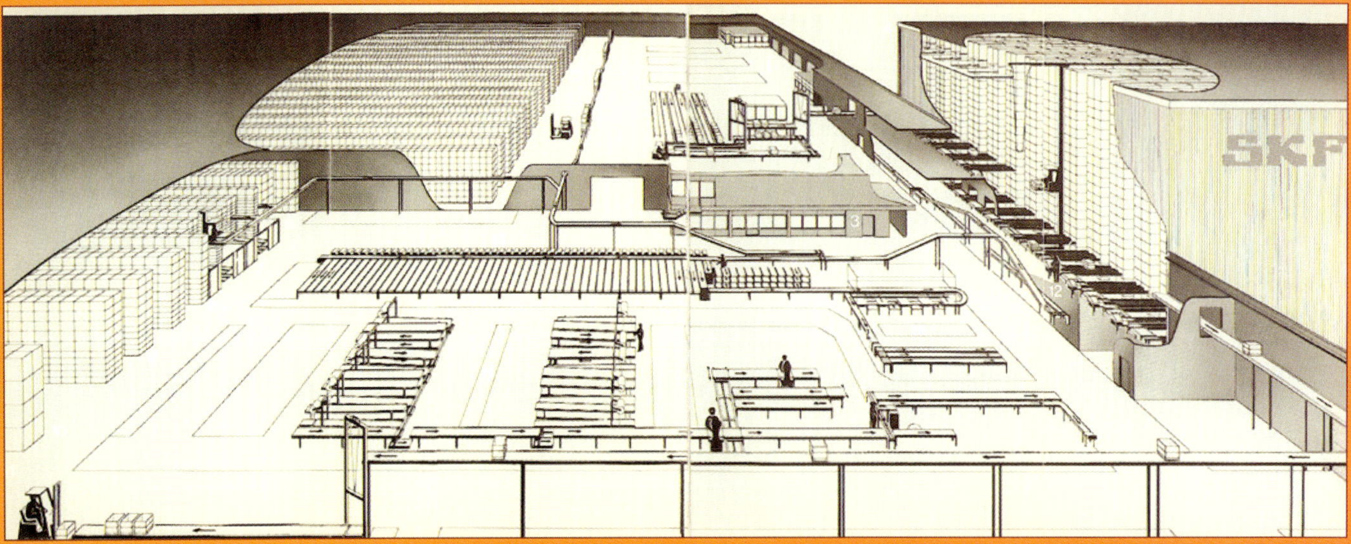
SKF

1973

Gründung der Dr.-Ing. Miebach Gesellschaft für Industriebau und Materialflusstechnik mbH

Erster Auftrag: Libri-Distributionslager

1974

Jürgen Mittenzwei wird der zweite Mitarbeiter.

1975

Akquisiton des SKF-Zentrallagers, eines der ersten deutschen Hochregallager als Generalplaner

1977

Betriebsausflug nach Mallorca

1978

Erstmals werden Anteile des Unternehmens an Partner verkauft.

70er Logistik-Trends

Optimistischer Automatisierungsglaube und die Suche nach logistischen Regeln und Zusammenhängen

In der Welt des fortgeschrittenen oder fortschrittlichen Materialflusses gab es aber auch ganz erhebliche Flops. Eine Supermarktkette in England entkam nur knapp dem Konkurs durch rechtzeitigen Verkauf nach jahrelangem Versuch der Inbetriebnahme eines vollautomatischen Verteilzentrums; ein Pharmagroßhändler in Deutschland musste seine gesamte Investition in ein neues Verteilzentrum abschreiben; ein Schuhhersteller in Süddeutschland erlitt Verluste im zweistelligen Millionenbereich durch eine automatisierte Anlage, die im Nachhinein den vielgestaltigen Sortimentsanforderungen doch nicht gerecht werden konnte.

Die 70er Jahre lassen sich daher bezeichnen als das Zeitalter der ungebremsten Automatisierungsgläubigkeit - gepaart mit der Suche nach Regeln und Gesetzmäßigkeiten im Materialfluss von komplexen Anlagen. Viele Anlagen wurden errichtet ohne eine genaue Kenntnis der komplexen Zusammenhänge von Staus, Spitzenbelastung und Sortimentswechseln, ohne plötzliche Kundenänderungen zu berücksichtigen und ohne Berücksichtigung der Zusammenhänge der mechanisierten Fördertechnik mit den steuernden Informationsströmen.

Auch die Miebach Logistik hätte in diesen Jahren fast ein Trauma erlebt, nämlich bei Neckermann, wo ein hochambitioniertes Steuerungssystem aller Flüsse im Nachschub und in der Kommissionierung eingerichtet werden sollte. Durch das rechtzeitige Einschreiten der Miebach Berater konnte die Organisation aber angepasst und der Betrieb bei Neckermann aufrecht erhalten werden.

In diesen Tagen wurde der Mensch, der Lagerarbeiter, als Zahnrad in einem größeren Mechanismus gesehen, der seine Aufgabe an oft unzumutbaren Arbeitsplätzen verrichtet - der Mensch als Begründer von Qualität war weitgehend unbekannt.

Materialfluss in großen Lagern und in Fabrikanlagen war das Thema dieser Jahre. Das Wort Logistik existierte nur in Zusammenhang mit "Militärnachschub".

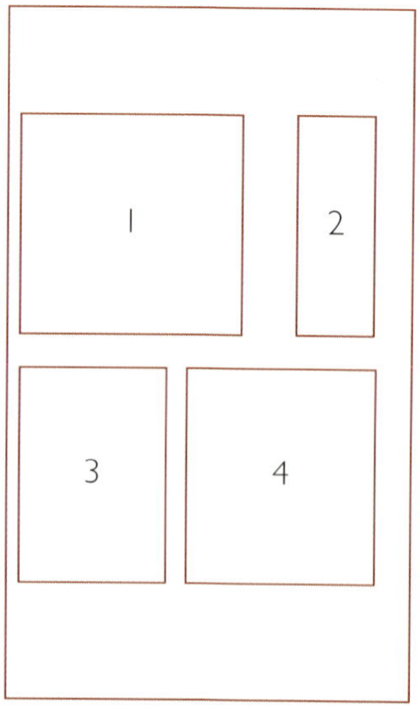

Das Würth-Zentrallager in Künzelsau:

!: Das 15 Meter hohe Palettenlager für 6.000 Paletten

2: Einlagerung im Palettenlager mit Hochmaststaplern

3: 16 Regalbediengeräte greifen auf 20.000 Artikel in 35.000 Lagerbehältern zu.

4: Blick aus dem obersten Regalfach des Palettenlagers auf die Regalbediengeräte des Behälterlagers

1980
Sommerzeit
»Solidarnosc«
Ronald Reagan wird Präsident der USA
1981
TV-Serie »Dallas«
Prinz Charles heiratet Diana
1982
Falkland-Krieg
»Ein bißchen Frieden«
Spanien tritt der NATO bei
Bundeskanzler Helmut Kohl
1983
Hitler-Tagebücher im »stern«
1984
Luc Montagnier entschlüsselt den Gen-Code des AIDS-Virus
1985
Start von SAT 1
Portugal und Spanien in EG
TV-Serien »Schwarzwaldklinik« und »Lindenstraße«
1986
Daimler Benz übernimmt AEG
»Tschernobyl«
1987
Neuer Personalausweis
Matthias Rust landet in Moskau auf dem Roten Platz
1988
»Starlight Express«
1989
Öffnung der DDR-Grenzen am 9. November

Miebach Logistik in den 80er Jahren

Fabrikplanung - Lagersysteme - Distribution

Die 80er Jahre waren geprägt durch die Ausweitung der Europäischen Gemeinschaft. Die Reduzierung von Zöllen und die Vereinfachung des Warenverkehrs zwischen den Europäischen Ländern löste einen unglaublichen Schub im Hinblick auf grenzüberschreitende Transporte und Produktions- und Verteilnetzwerke aus.

Der Trend lautete: Nicht mehr in jedem Land eine Fabrik, sondern eine Fabrik pro Produkt für ganz Europa: Die "Economies of scale" machten ungeahnte Produktionsfortschritte möglich; gleichzeitig musste jedoch die europäische Distribution neu organisiert werden.

So hat Miebach Logistik beispielsweise für den SKF - Konzern die bisherigen Europastrukturen vollkommen verändert: aus fünf großen Landeslagern wurden fünf europäische Zentrallager, von denen jedes aber nur noch einen Teil des gesamten Artikelspektrums bevorratete. Aber auch Konzerne im Konsumgüter-Bereich wie Benckiser haben ihre Distribution mit Miebach-Hilfe europäisiert, des Weiteren gehörten nun auch einige Automobilkonzerne im Bereich Ersatzteilverteilung zu den Miebach-Kunden.

Unseren Kunden folgend, haben wir selbst den Schritt in die Internationalisierung gemacht. 1982 ist unser Büro in Barcelona gegründet worden, 1985 das Büro in der Schweiz, 1989 die Niederlassung in Oxford.

1: Besprechung in Barcelona: Dr. Joachim Miebach, Francisco Ruiz, Jan-Hinrich Fischer, Jesus Izquierdo, Vicente Badal, Angel Guarch (v.l.n.r.)
2 - 5: Aus Sonderdrucken von Miebach & Partner
2: SMS-Schloemann-Siemag AG
3: Goldwell
4: Neckermann Versand AG
5: ZF Zahnradfabrik Friedrichshafen

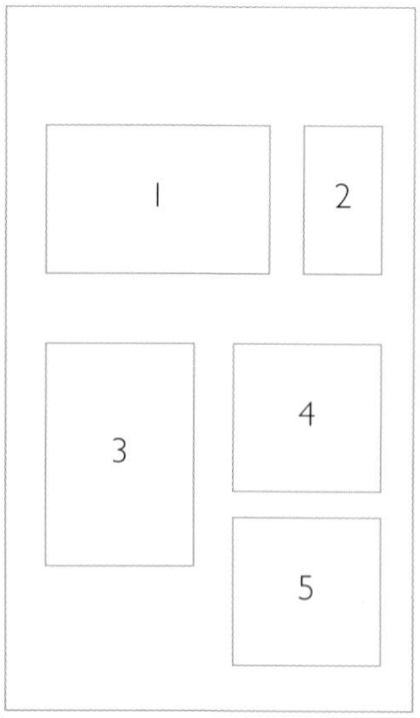

Technologieexport aus neuem Produktionslager

SMS-Schloemann-Siemag AG baut weltweit schlüsselfertige Anlagen für die Stahl- und NE-Metallindustrie. Die Anlagen werden weitestgehend im Werk vormontiert.

Durch die Zusammenfassung mehrerer Einzellager zu einem Produktionslager sollte erreicht werden, daß:

- die Transportwege minimiert werden,
- die Auskunft über den Verfügbarkeitsstatus der Baugruppen-Komponenten jederzeit eingeholt werden kann,
- die Zusammenstellung der Baugruppen-Komponenten und deren termingerechte Bereitstellung zur Montage verkürzt wird.

Als zentraler Standort auf dem Werksgelände kam nur eine ca. 20 x 90 m große Baulücke zwischen zwei Produktionshallen in Frage.

Modernes Logistikkonzept für Internationale Haarkosmetik

Die Firma Goldwell stellt in Darmstadt eine breite Produktpalette von Haarkosmetika her und vertreibt diese weltweit.

In der Ausgangssituation wurden von einem Lager in Darmstadt zunächst 16 Regional- und eine Vielzahl von Vertreterlagern beschickt. Diese versorgten ihrerseits die ortsansässigen Friseurgeschäfte nach einem festen Tourenplan.

Im Zuge des weiteren Wachstums sollte durch moderne Logistik der Kundenservice sowie die Situation der Fertigwarenlager entscheidend verbessert und die Kosten nachhaltig gesenkt werden.

Mit der Entwicklung und Durchführung des neuen Konzeptes wurde die Dr. Miebach & Partner GmbH beauftragt.

Ergebnis

- *Bau eines neuen Zentrallagers: Bestandssenkung, Reduzierung der Lager- und Kommissionierkosten.*
- *Auflösung der Regional- und Außenlager: Kostensenkung, Transparenz*
- *Auftrags-Datenerfassung direkt durch die Vertreter: Beschleunigung, Kostensenkung, Fehlerreduzierung*
- *Einschaltung einer leistungsfähigen Spedition: Kostensenkung, Verbesserung der Kundenbelieferung durch 24-Std.-Service.*

Mode kommt aus dem Hochraumlager

Moderne Technik im Versandhandel

Moderne Lagertechnik im Dienste von ZF

EDV-gesteuertes Montage- und Versandlager

1982
Gründung des Büros in Barcelona
1985
Gründung des Büros in der Schweiz
1989
Gründung des Büros in Oxford

80er Logistik-Trends

Verknüpfung von Waren- und Informationsfluss und technische Innovation

In den 80er Jahren wurde die Verknüpfung von Materialflüssen und Transporten mit den Informationsflüssen immer wichtiger. Miebach Logistik hat daraus die Konsequenz gezogen und sich um eine schlagkräftige Abteilung "Logistik der Informationstechnologie" verstärkt.

Aber auch auf technologischem Sektor war Miebach Logistik wieder Vorreiter für Innovationen: Die Pick-, Pack- und Check-Technologie wurde von Miebach Logistik entwickelt und in vielen Projekten perfektioniert. Sie ist heute Standardtechnologie in vielen Anwendungen bei der Kommissionierung von Kleinteilen.

Versuche, die Robotertechnologie auch in Distributionszentren einzusetzen, konnten nur in kleineren Umfängen wirtschaftlich umgesetzt werden, so z.B. bei einem Roboter für die Pallettierung von ungleichen Packstücken bei der Firma Würth. Ansonsten blieb der Traum von der automatischen Kommissionierung - der Zugriff auf unverpackte Einzelteile durch Roboter - bis heute unerfüllt. Nur in einzelnen Spezialanwendungen wird er umgesetzt.

Das automatisierte Link zwischen innerbetrieblichem Materialfluss und der Transportlogistik stellte das von Miebach Logistik zusammen mit der Ernst Wagner KG, Reutlingen, und der Erwin Mehne GmbH, Heilbronn, entwickelte A.L.S. Quickload dar. Dieses vollautomatische Ladegerät war bei Procter & Gamble in Worms mehrere Jahre im Einsatz, hat sich aber im Markt damals nicht durchsetzen können. Heute werden solche Systeme als Innovation angeboten, weil sie tatsächlich die Automatisierungslücke zwischen vollautomatischen Lagern und dem Transport schließen.

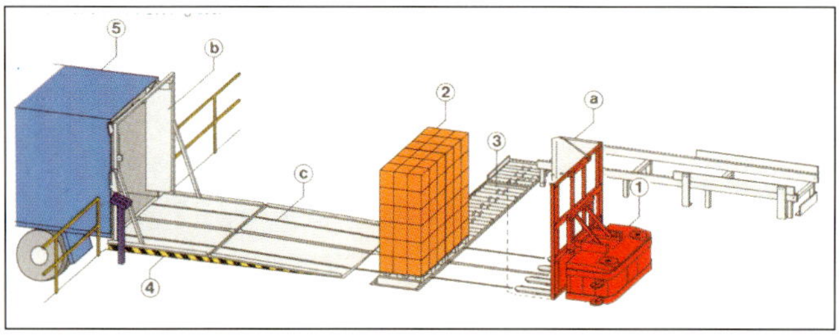

Herzstück des A.L.S. Quickload ist das Ladegerät (1), das man sich wie zwei nebeneinander gekoppelte Gabelhubwagen vorstellen kann. Es transportiert zwei Paletten (2) vom automatischen Fördersystem (3) über eine bewegliche Rampe (4) in den Lkw (5). Leitbleche an beiden Seiten der Paletten (a) werden durch den Einweiser (b) geführt; das Gerät selbst orientiert sich an seitlich verschiebbaren Führungsprofilen (c).

1-3: Pick, Pack und Check: Es wird direkt in den Versandkarton kommissioniert und dieser wird zur Kontrolle im selben Arbeitsgang gewogen.
4,5: Der Palettierroboter bei Würth entnimmt genormte Versandkartons verschiedener Größe vom Band und stapelt sie auf Paletten.
6,7: Das A.L.S. Quickload auf der Rampe und bei der Einfahrt in den Lkw.

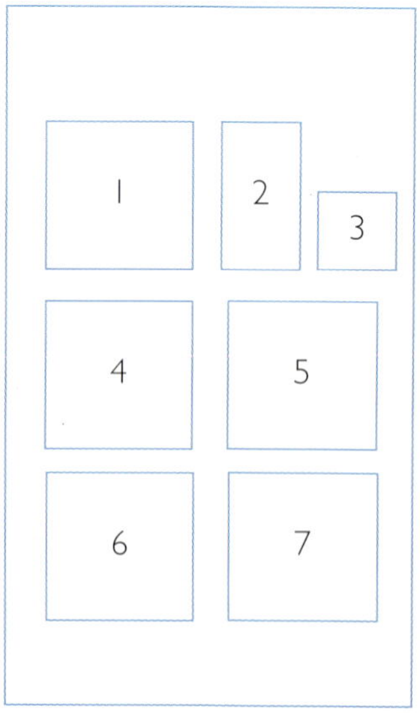

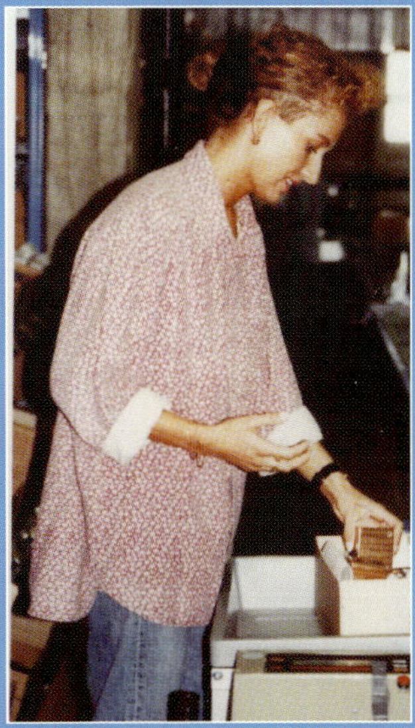

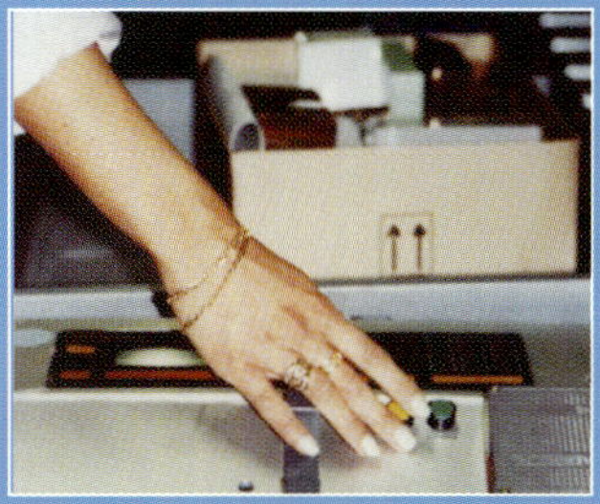

WÜRTH

Lenor

WAGNER

1990
Deutschland wird Fußballweltmeister
1991
Solidaritätszuschlag
»Ötzi« wird gefunden
1992
Maria Jepsen wird Bischöfin
Euro Disneyland, Paris
1993
»Jurassic Park«
fünfstellige Postleitzahlen
1994
»Dagobert« geschnappt
1995
»Brent Spar«
Christo verpackt Reichstag
1996
T-Aktie
1997
Duell Kasparow / Deep Blue
»Tamagotchi«
1998
»Gildo hat euch lieb«
Trappatoni »hat fertig«
1999
Computervirus »Melissa«
Totale Sonnenfinsternis

Miebach Logistik in den 90er Jahren

Berater und Ingenieure

In den 90er Jahren setzte Miebach Logistik die Internationalisierung weiter fort mit Büros in Argentinien, Chile, Brasilien und Mexiko. Die Ford Motor Corporation in Detroit bewegte Miebach Logistik mit großen Aufträgen in den Vereinigten Staaten dazu, dort ebenfalls ein Büro zu eröffnen.

Inhaltlich gesehen, stehen die 90er Jahre im Zeichen des Supply Chain Gedankens: Ziel ist es, nicht nur die eigene Fabrik, nicht nur das eigene Distributionsnetz zu sehen, sondern über die Grenzen der eigenen Firma, der eigenen Zuständigkeit hinaus mit den Partnern "davor" bzw. "dahinter" zweckdienliche Verbindungen einzugehen. Wiederum war die Automobilindustrie Vorreiter dieser neuen Logistik-Perspektive: Die Integration mit Lieferanten bis hin zur konsequenten Unsetzung der Just in Time / Just in Sequence Philosophie wurde Standard.

Spektakuläre Projekte der Miebach Logistik Gruppe in dieser Zeit waren neben einer Reihe von Automobilprojekten wie die Peguform Stoßfängerfertigung für Audi die Errichtung von komplexen Netzwerken und großen Zentrallagern für die Konsumgüterindustrie in Südamerika, insbesondere für die Ahold- und Carrefourgruppe. In Deutschland standen weitere große Projekte für Neckermann / Karstadt auf dem Programm; des Weiteren die Realisierung eines ambitionierten Versandhandelslagers für Littlewoods in England.

Und schließlich gab sich die Miebach Logistik Gruppe unter der Bezeichnung »Berater und Ingenieure« eine weltweit einheitliche Identität und straffte die interne Struktur durch die Gründung der Holding erheblich.

1: »Berater und Ingenieure« - Die erste Unternehmensbroschüre im neuen Corporate Design von 1992
2: »Visionen gestalten« - die Neuauflage der Unternehmensbroschüre 1998
3 bis 6: Kompetenzfeldbroschüren
3: Logistik Strategie
4: Logistik Informatik
5: Logistik Technik
6: People & Operations

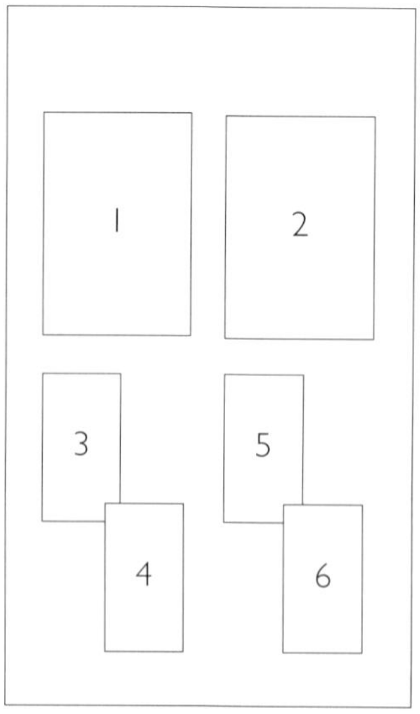

MIEBACH & PARTNER
Mit bester Empfehlung

MIEBACH LOGISTIK GRUPPE
Berater und Ingenieure
Visionen gestalten

MIEBACH LOGISTIK
Logistik
Logistik Informatik

MIEBACH LOGISTIK GRUPPE
MIEBACH LOGISTIK GRUPPE
People & Operations

1991

Erster spanischer Logistik-Preis »Premio CEL« für Miebach Logistik-Kunden Mercadona

1992

Gründung des Büros Berlin

1993

Aufbau einer durchgängigen Corporate Identity und eines einheitlichen Coporate Designs

1994

Gründung des Büros in Buenos Aires, Argentinien

1995

Gründung des Büros in Santiago de Chile, Chile

1996

Gründung des Büros in Sao Paulo, Brasilien

Gründung des Büros in Bangalore, Indien

1997

Gründung des Büros in Detroit, USA

Gründung und Arbeitsaufnahme der Holding

1998

Aufnahme der Tätigkeit in Katowice, Polen

1999

Gründung des Büros in Milano, Italien

90er Logistik-Trends

Outsourcing von Logistik-Dienstleistungen und Perfektionierung der Prozesse

Der zweite große Trend der 90er war geprägt von der Rückbesinnung auf die Kernkompetenzen in zum Teil unüberschaubar gewordenen Firmenflechtwerken: Folge war das Outsourcing von Logistik- und Transport-Dienstleistungen. Einen zusätzlichen Antrieb, Werkverkehre und eigene Logistik-Abteilungen »out zu sourcen« stellte der Preisverfall nach der Deregulierung der Transportpreise in Wechselwirkung mit der sich verschlechternden Konjunktur gegen Ende der 90er dar.

Miebach Logistik führt seit dem regelmäßig Befragungen von Verladern und Dienstleistern zum Outsourcig durch, die die Deckung von Angebot und Nachfrage zum Gegenstand haben. Die Ergebnisse fließen in die individuelle Beratung sowohl von Verladern als auch von Logistik Dienstleistern ein.

Ins Jahr 1997 fällt die Einrichtung unseres firmeninternen Knowledge-Managements: Durch das Miebach-Intranet sind alle Büros mit dem zentralen Server in Frankfurt verbunden, wo das gesamte Wissen und alle Informationen über Prozesse, Kosten und Benchmarks zentral gespeichert werden.

Die Innovationen aus unseren Büros bezogen sich in den 90ern auf das Methodische: die Perfektionierung von Inbetriebnahmemethoden insbesondere für komplexe IT- Anwendungen, Qualitätssteigerungen entlang der Supply Chain durch Qualitätsinitiativen, Reduzierung von Baukosten durch verfeinerte Ausschreibungsmethoden und Beschleunigung der Kommissionierung durch Innovationen wie Dynamic Forwarding.

1 - 3: Dynamic Forwarding im Würth-Vertriebszentrum
1: Der Sorter (dunkelblau) schickt die Versandkartons dynamisch nur an die Kommissionierbereiche, die auch Kapazität haben.
2: Der Sorter
3 - 6: Sonderdrucke zu Projekten
3: Würth Vertriebszentrum
4: Modeversand Peter Hahn
5, 6: SKF-Distributionszentrum

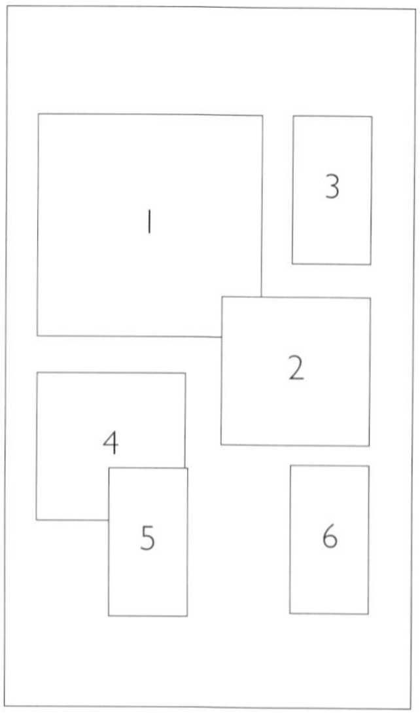

LOGISTIK HEUTE

Sonderdruck aus Heft 3-96

MATERIALFLUSS

MODEVERSAND/PETER HAHN

Top Service von der Stange

Das Modeversandhaus Peter Hahn hat mit dem Ausbau seines Versandzentrums im schwäbischen Winterbach die Versechsfachung des Umsatzes seit Ende der 80er Jahre logistisch bewältigen können. Technisches Highlight ist der neue Transportwagen der Trolleyförderanlage für Hänge- und Liegeware.

Das Konzept ...

In 16 Monaten wurde das 25 Millionen Projekt realisiert.

MIEBACH & PARTNER
Berater und Ingenieure für logistische Systeme

2000
Gründung des Büros in Mexico City, Mexico
Gründung des Büros in Miami, USA
Verkauf an die Heyde AG
2001
Gründung des Büros in New Delhi / Gurgaon, Indien
Gründung des Büros in Kuala Lumpur, Malaysia
Projekt »Phoenix«
2002
Insolvenz der Heyde AG
2003
Gründung der Miebach Havemann International GmbH
Eröffnung des Miebach Logistik Büros in Shanghai, China
Einrichtung einer Repräsentanz der Wirtschaftskammer von Shanghai in den Räumen von Miebach Logistik Frankfurt
Mercedes Benz España S.A. gewinnt den spanischen Logistik-Preis »13. Premio CEL« für das von Miebach Logistik geplante Werk in Vitoria, wo der neue Kleinlastwagen VIANO, der Nachfolger des VITO produziert wird.
Management Buyout der Miebach Logistik Gruppe

Miebach Logistik im »New Millennium«

Irrweg und Neuorientierung

Dem »Hype« der New Economy konnte sich auch Miebach Logistik nicht entziehen. Im Jahre 2000 verkauften die Partner der Miebach Logistik Gruppe die Firma an die Heyde AG.

Die Heyde AG war damals das führende Softwareunternehmen auf dem Gebiet der Informatik für Logistik und die damit zusammenhängenden E-Business-Prozesse. Das Experiment ging schief, denn die Heyde AG ging Anfang 2002 in die Insolvenz.

Im Jahr 2001 wurde bei Miebach Logistik das interne Projekt »Phönix« aufgelegt. Treibende Kraft für das Projekt waren die Entwicklungen der Märkte unserer Kunden. Globalisierung einerseits und immer stärkere Individualisierung der Produkte andererseits zusammen mit der rasanten Entwicklung der E-Business-Technologieen ließen die logistische Komplexität förmlich explodieren.

Diese Situation konnte nur beherrscht werden, wenn es gelang, Prozesse, Software und Schnittstellen - je branchen spezifisch - zu standardisieren. Für Miebach Logistik ergab sich also die Notwendigkeit, die Branchen-Orientierung stärker zu betonen, ohne den integrierten Beratungsansatz aufzugeben.

Als Ergebnis des »Phönix«-Projektes wurde die Verantwortung für die Marktbetreuung von der Verantwortung für das Projektmanagement und die Entwicklung von Service Offerings getrennt. Die deutschen Büros setzen als Piloten das Projekt seit 2002 um: Sechs Leiter Marktsegement (LMS) betreuen den Markt und drei Leiter Projekte und Entwicklung (LPE) sind für die Projektabwicklung und die Entwicklung von Service Offerings in Frankfurt und Berlin verantwortlich. Unterstützt werden sie dabei von den Kompetenzfeldleitern (KFL).

Da die Miebach Logistik Gruppe nach dem Verkauf an die Heyde AG ihre Identität nicht aufgab und als selbstständige Business-Unit fortbestand, war sie auch im Rahmen der Heyde-Insolvenz juristisch und wirtschaftlich von der Konkursmasse separiert. So blieb der Auftritt im Markt ohne Brüche. Die neue Marktbearbeitung bewährt sich inzwischen im zweiten Jahr.

Im Jahr 2003 beteiligte sich die Miebach Logistik Gruppe an der Gründung der Miebach Hafemann International GmbH - Strategy & Project Developement, einer strategischen Beratungsgesellschaft für Projekte im politisch-wirtschaftlichen Raum und eröffnete mit ihr ein Büro in Shanghai.

Rechts: Die Ergebnisse des Phönix-Projektes sind die Fokussierung der Marktbetreuung nach Marktsegmenten (oben), der integrierte Beratungsansatz in der Projektabwicklung (Mitte) und die Einbindung der Mitarbeiter in eine Matrix-Organisation (unten).

Die Marktsegemente

Versandhandel

- Versandhandel
- Warenhäuser
- Teleshopping
- Post
- e-Shops

Handel & Ersatzteile

- Ersatzteile
- Versorger
- Telefongesellschaften
- Bücher & Medien
- Computer
- Einzelhandel
- Elektronik
- Drogerien & Parfümerien
- Baumärkte

Logistik Dienstleister / KEP

- Fracht
- KEP
- 3 PL
- Krankenhäuser
- Versorgungsunternehmen

Diskrete Fertigung & Mode

- Zulieferindustrie
- Anlagenbau, Maschinenbau, Werkzeugbau
- Elektroindustrie
- Schwerindustrie
- Textil und Bekleidung

Prozess-Industrie

- Kosmetik
- FMCG (Produzenten und Handel)
- Pharma (Produzenten und Handel)

Automotive

- Automobilhersteller
- Tier 1
- Tier 2+

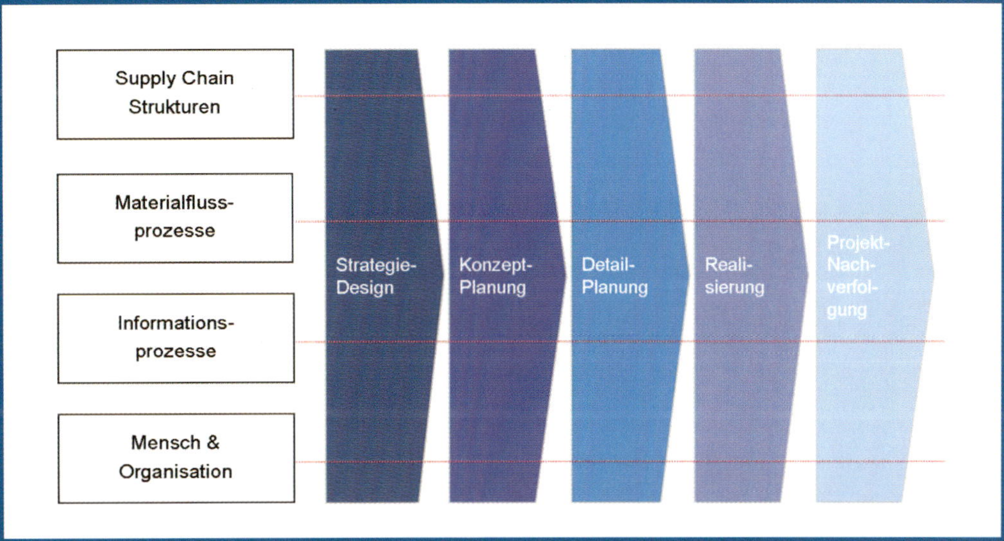

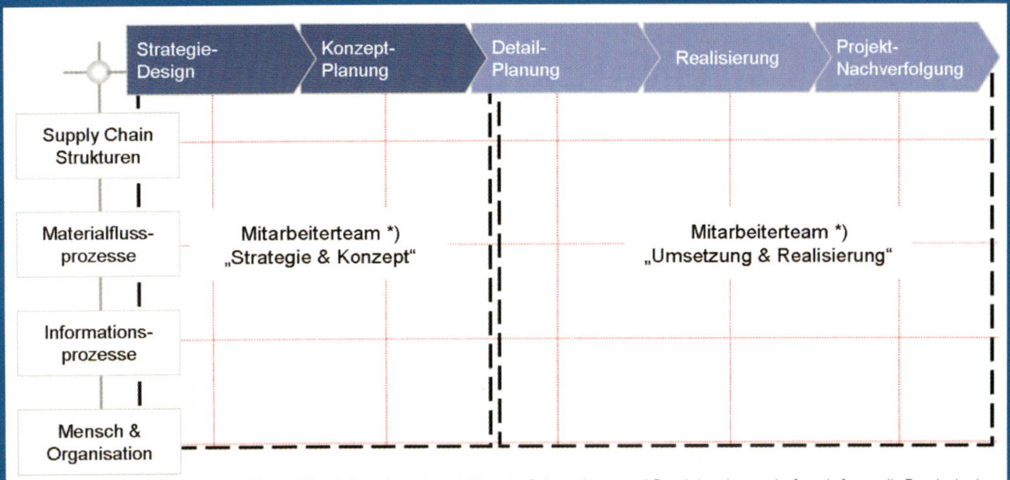

*) Qualifikationsprofil der Mitarbeiter: Ingenieur-, Wirtschaftsingenieur- und Betriebswissenschaften, Informatik, Psychologie

Management-Buyout Juli 2003

Die Flotte ist wieder auf Kurs

Das Miebach Logistik Boot - oder besser: Die Miebach Logistik Flotte ist wieder auf Kurs. Am 17. Juli 2003 unterzeichnete Dr. Joachim Miebach den Vertrag für den Rückkauf der Miebach Logistik Holding GmbH mit allen Tochtergesellschaften.

Schon gleich als sich im Jahre 2002 die mögliche Insolvenz der Heyde Gruppe abzeichnete, an die die Partner die Miebach Logistik Gruppe im Jahre 2000 verkauft hatten, achteten die Verantwortlichen darauf, dass die immer als Miebach Logistik firmierende Gruppe finanziell und juristisch als selbstständige Einheit behandelt wurde. So gelang es Miebach Logistik in den Jahren 2002 und 2003 jeweils nicht nur, den guten Ruf zu bewahren und alle Kunden zu halten, sondern auch ein jährliches Umsatzwachstum zur realisieren - gegen den Branchentrend.

In langen und zähen Verhandlungen mit den Gläubiger-Banken haben es die neuen Partnern unter der Führung von Dr. Joachim Miebach jetzt geschafft, einen für beide Seiten akzeptablen Kompromiss zu formulieren.

Die Miebach Logistik Holding gehört nun wieder »sich selbst«, denn alle Partner sind entweder Führungskräfte oder Mitarbeiter bei Miebach Logistik.

Von der Partner-Strukur werden insbesondere die Miebach-Kunden profitieren:

- Ein Fremdeinfluss auf die Miebach Logistik Gruppe ist ausgeschlossen. Die Partner sind ausschließlich und direkt den Kunden gegenüber verantwortlich für Qualität und Service.

- Die Partner sind »Unternehmer im Unternehmen«. Persönliche Zielsetzungen und Unternehmensziele sind weitestgehend identisch.

- Alle Mitarbeiter haben die Chance zur Partnerschaft - ein zusätzlicher Motivationsfaktor.

- Schließlich wird Miebach Logistik so auch attraktiv für die besten Absolventen und Berater der Branche; ist es doch ein kurzer und sicherer Weg in die Selbstständigkeit.

Qualitätsführerschaft, »Excellence of Employees« und Innovation sind die logische Folge dieses Unternehmensmodells.

Mit dieser Unterschrift am 17. Juli 2003 wurde der Management Buyout der Miebach Logistik Gruppe perfekt.

Die Miebach Logistik Boote im Juli 2003 auf Havel (oben) und Main (unten). Rechts: Dr. Joachim Miebach erweckt ein Drachenboot zum Leben, indem er dem Drachenkopf Augen malt. So soll das Boot allzeit sehend gute Fahrt machen und möglichst viele Rennen gewinnen.

NGAPORE

Die »New Millennium«-Trends

Optimierung von Prozessen durch Informationstechnologie und wissenschaftlich fundierte Management-Verfahren

Die Jahre um die Jahrtausendwende standen ganz im Zeichen des E - Business: Fast alle haben von den neuen Medien erwartet, dass sie weitreichende Auswirkung auch auf Distributionsnetze und Verteilstrukturen haben würden.

Viele haben sich darauf eingestellt, viele haben dahingehend investiert, nur wenige haben davon tatsächlich profitiert. Die Revolution blieb weitestgehend aus. Das Internet stellt heute in der Logistikwelt lediglich eine unter vielen Methoden des Informationsaustausches dar. Insbesondere bei der Auftragsannahme hat es sich als sehr effektiv erwiesen.

Die eigentlichen Impulse in der modernen Logistik kommen weiterhin aus der Vervollkommnung des Supply Chain-Gedankens, aus der Beherrschung der ständig zunehmenden Komplexität in Netzwerken und schließlich aus der kontinuierlichen Effizienzsteigerung der logistischen Prozesse.

Prozess-Reengineering

Gewaltige Prozesslandschaften sind herangewachsen. Ihr Reengineering eröffnet lohnende Rationalisierungspotentiale, jedoch die Aufnahme und Vereinfachung der Prozesse ist eine hochkomplexe Aufgabe, die in der Regel auch noch bei laufendem Betrieb umgesetzt werden soll. Innovationstreiber ist auch hier wieder die Automobilindustrie.

Wissenschaftlich fundiertes Bestandsmanagement

Weitere Potenziale eröffnen sich, wenn wissenschaftlich fundierte Verfahren auf die Bestandsführung angewendet werden. Für die dynamische Disposition von Aufträgen und Beständen in den Beschaffungs- und Versorgungsnetzen hat Miebach Logistik zwei Tools entwickelt, die neueste Forschungsergebnisse direkt in die Praxis umsetzen.

Das »Matrix Control« und der »Inventory Commander« arbeiten exklusiv mit den Verfahren und Strategien der »Dynamischen Disposition« von Dr. Timm Gudehus,.

»Matrix Control«

»Matrix Control« ist ein Set verschiedener Matrizen, in denen die Artikel eines Sortiments nach bestimmten Gesichtspunkten in Cluster eingeteilt sind. Für jedes Produkt-Cluster lassen sich nun optimale Bestandsmanagementparameter bestimmen, die definierte Serviceziele (Verfügbarkeiten) mit minimalen Beständen erreichen lassen.

Dass die definierte Strategie in jedem Cluster und für das Gesamtsortiment optimal ist, lässt sich dann im Rahmen einer Computersimulation nachweisen und mit allen Beteiligten besprechen.

»Inventory Commander«

Mit dem Simulationstool »Inventory Commander« können die mit »Matrix Control« entwickelten Optimierungsideen unter Verwendung von Echtdaten getestet und erhärtet werden. Mit dem »Inventory Commander« lassen sich die Auswirkungen der dynamischen Auftrags- und Bestandsdisposition für einen beliebigen Zeitraum mit historischen Zahlen oder mit daraus abgeleiteten Zufallszahlen simulieren. Das Tool berechnet für den Simulationszeitraum die Logistikkosten, die Bestände und die Lieferfähigkeit.

Oben: Wareneingangsprozesse bei einem Lkw-Hersteller
Unten: In einem Pilotprojekt, in dem »Matrix Control« und »Inventory Commander« verwendet wurden, konnten innerhalb von wenigen Monaten bei gleichzeitiger Verbesserung der Lieferfähigkeit um 4 Prozent der Bestandwert um 15 Prozent und die dispositionsabhängigen Logistikkosten um 20 Prozent gesenkt werden.

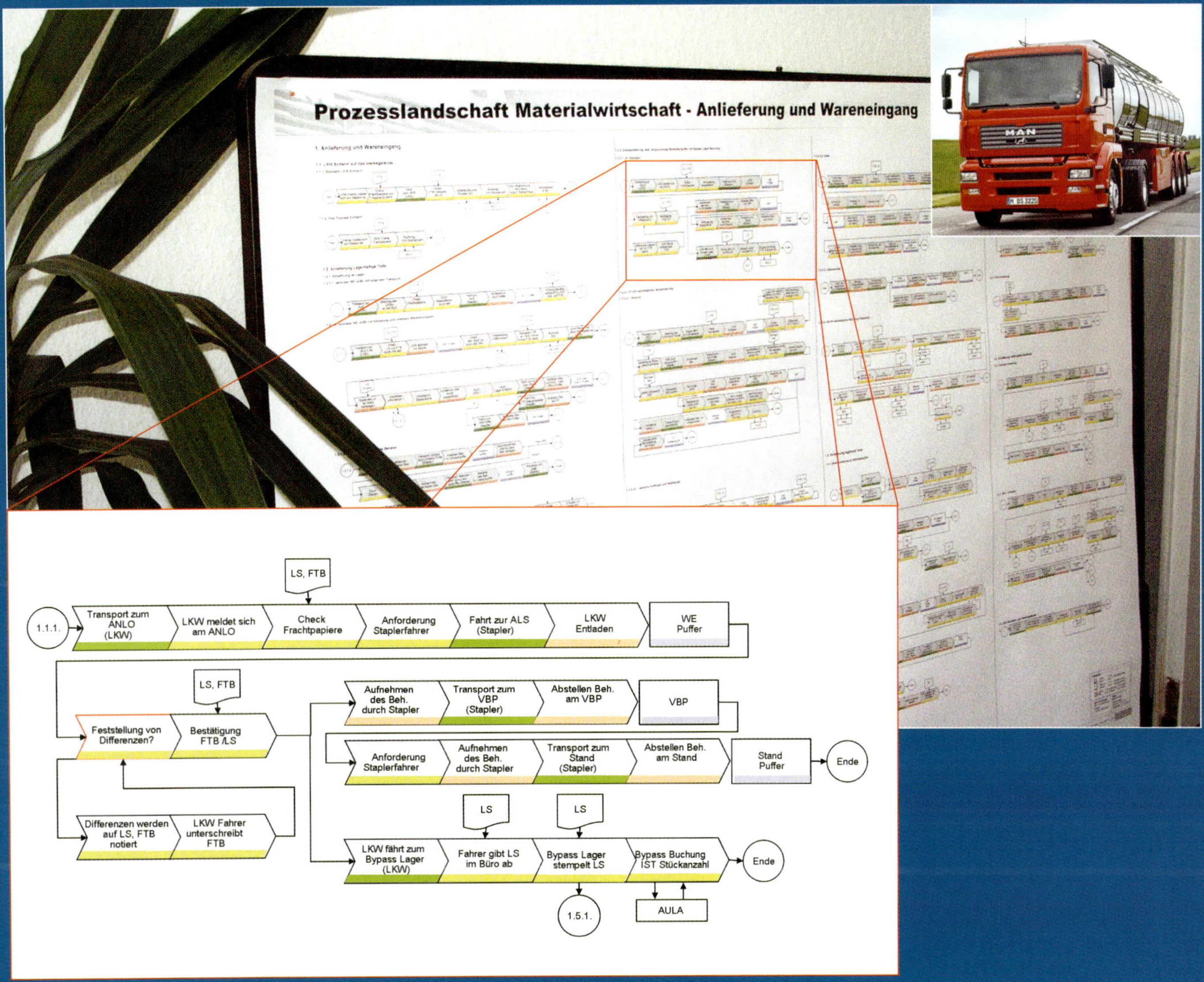
Prozesslandschaft Materialwirtschaft - Anlieferung und Wareneingang
LS, FTB
1.1.1.
Transport zum ANLO (LKW)
LKW meldet sich am ANLO
Check Frachtpapiere
Anforderung Staplerfahrer
Fahrt zur ALS (Stapler)
LKW Entladen
WE Puffer
LS, FTB
Feststellung von Differenzen?
Bestätigung FTB /LS
Aufnehmen des Beh. durch Stapler
Transport zum VBP (Stapler)
Abstellen Beh. am VBP
VBP
Anforderung Staplerfahrer
Aufnehmen des Beh. durch Stapler
Transport zum Stand (Stapler)
Abstellen Beh. am Stand
Stand Puffer
Ende
Differenzen werden auf LS, FTB notiert
LKW Fahrer unterschreibt FTB
LS
LS
LKW fährt zum Bypass Lager (LKW)
Fahrer gibt LS im Büro ab
Bypass Lager stempelt LS
Bypass Buchung IST Stückanzahl
Ende
1.5.1.
AULA

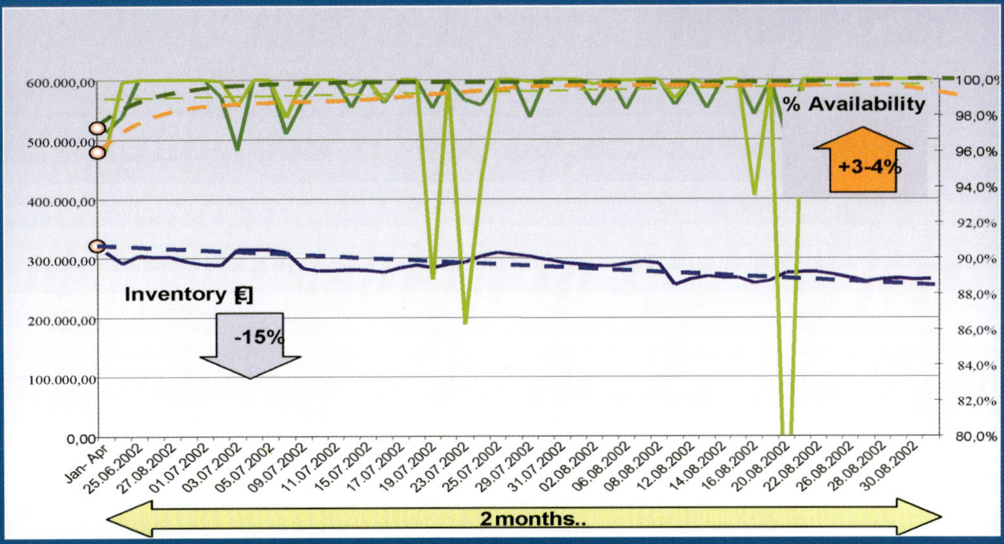
% Availability
+3-4%
Inventory [€]
-15%
600.000,00
500.000,00
400.000,00
300.000,00
200.000,00
100.000,00
0,00
100,0%
98,0%
96,0%
94,0%
92,0%
90,0%
88,0%
86,0%
84,0%
82,0%
80,0%
Jan- Apr
25.06.2002
27.08.2002
01.07.2002
03.07.2002
05.07.2002
09.07.2002
11.07.2002
15.07.2002
17.07.2002
19.07.2002
23.07.2002
25.07.2002
29.07.2002
31.07.2002
02.08.2002
06.08.2002
08.08.2002
12.08.2002
14.08.2002
16.08.2002
20.08.2002
22.08.2002
26.08.2002
28.08.2002
30.08.2002
2 months..

Erfolge

Marktsegment Automotive

Automobilindustrie

Markttrends

"Null"-Wachstum in gereiften Märkten bei gleichzeitigem großen Konkurrenzdruck

Zahlreiche Nischenfahrzeuge, geringe Stückzahlen

Zunehmende Individualisierung

Neue Gesetzesanforderungen und Wegfall von Handelsbarrieren

Unsichere Prognosen der Wachstumsmärkte

Ungenutzte Kapazitäten

Logistische Trends

Flexibilität durch Standardisierung

Beherrschung der Variantenvielfalt; hohe Handlings- und Sequenzierungsanforderungen

Minimierung der Kapitalbindung für Material und Fertigprodukte

Berücksichtigung von Stückzahlschwankungen

Kooperation mit Logistik-Partnern

Supply Chain Collaboration

Dienstleistungen von Miebach Logistik

Potenzialanalysen, Kostensenkungsprojekte und Re-Engineering-Programme

IT-Integration

Anliefer-, CKD-, Part-by-Part- und Bandversorgungskonzepte

Werksstruktur- und Industrieparkplanung

Generalplanung, Projektsteuerung und Realisierung

Bestandsmanagement und Optimierung Dispositionsparameter

Outsourcing / LLP Konzepte
KVP / Logistikkaizen

Behältermanagement und -planung

Automatisierungskonzepte

»Der hohe Preisdruck, die steigende Komplexität von Produkt und Produktion bei gleichzeitig rückläufiger Konjunktur zwingt die Automobilindustrie zum Rückgriff auf bewährte Optimierungsverfahren in Kombination mit neuer Technologie, um beispielsweise durch Re-Engineering in Verbindung mit E-Business langfristig Prozesskosten zu reduzieren und kurzfristig »Quick Wins« zu realisieren.«

Tobias Rinza, 2003

Don Felipe de Borbón, Prinz von Asturien, überreicht in Madrid den spanischen Logistikpreis »13. Premio CEL« an Harald Hauke, Mercedes Benz España, und den Wissenschaftspreis an Isabel García Gutiérrez, Universität Carlos III.

Vito- und Viano-Produktion in Vitoria

Höchst effizient dank ausgezeichneter Logistik

Mitte 2003 beginnt in Vitoria die Produktion des neuen VITO und seines Nachfolgers, des VIANO. Vorausgegangen war eine logistische Revolution, die 2003 mit dem Premio CEL, dem spanischen Logistikpreis ausgezeichnet wurde.

Die größere Variantenzahl des Viano - drei Karosserielängen, zwei verschiedene Radstände, drei Höhen, drei Öffnungswinkel der Hecktüren, mehr als 150 Farbvarianten und ein einem Pkw vergleichbares Angebot an Zusatzausstattung - hätte eine Erhöhung der Logistik-Kosten gegenüber dem Vito um 15 Prozent gerechtfertigt. Tatsächlich lagen die Logistikkosten aber um 23 Prozent niedriger, eine Gesamtreduktion von 38 Prozent also.

Diese Leistung wurde durch eine komplette Neuplanung des Produktionsstandortes unter Mitwirkung von Miebach Logistik mit eindeutiger und durchgreifender Orientierung an den Logistikkosten erreicht. Bereits 1998 als nach der Fusion von Daimler Benz und Chrysler die Entscheidung für die 600 Millionen-Euro-Investition gefallen war, setzten sich die Verantwortlichen eine Verdoppelung des weltweiten Verkaufs von Kleinlastwagen (Sprinter, Vianco, Viano) innerhalb von 10 Jahren zum Ziel,

Hintergrund: Nachfolger des VITO ist der VIANO

1: Cockpit und Zusatzausstattung des Viano entsprechen dem Angebot eines modernen Pkw und deuten darauf hin, dass es sich nicht um ein reines Arbeitsfahrzeug handelt, sondern durchaus auch um ein Angebot an den Privatkunden.

Aus der Laudatio zum Premio CEL für Mercedes Benz España

Bei ihrer Tagung am 28. Mai hat die Jury für den Premio CEL 2003 beschlossen, dass dieses Projekt des 13. Premio CEL würdig ist, eines Preises, mit dem seit über 10 Jahren Unternehmen ausgezeichnet werden, denen es gelingt, solche grundlegenden Verbesserungen der Supply Chain umzusetzen.

Bei der Auswahl des Projektes war die Jury besonders beeindruckt von den "erheblichen durch das erreichten Einsparungen" und die Tatsache, dass die Logistik "sowohl in den Prozessen als auch im Bewusstsein und im täglichen Handeln der Mercedes Benz-Mitarbeiter ständig präsent ist."

ein Ziel, das sie nur erreichen konnten, wenn für die Produktion eine Logistik-Struktur der Weltklasse aufgebaut würde.

In einem Benchmarking mit anderen führenden Automobilherstellern wurden fünf entscheidende Elemente der neuen Logistik ermittelt:

- Ein neues Gebäude in Hufeisenform würde die Außenmaße des Gebäudes auf fast 2 Kilometer verlängern und so optimale Möglichkeiten für die Lieferung von Teilen und Modulen direkt »durch die Wand« an die Produktionslinie bieten.
- Ein Industriepark auf dem Werksgelände in direkter Nachbarschaft zur Produktion würde die Vormontage und JIS-Anlieferung von sechs wesentlichen Komponenten in unmittelbarer Nachbarschaft ermöglichen: Cockpit, Frontend, Antriebsachse, Vorder- und Rücksitze sowie die Seitenverkleidung.
- Rückwärts angedockte Sattelzüge würden das Konzept des »Warehouse on wheels« ermöglichen, die Bereitstellung von Bauteilen an Ladetoren direkt an der Produktionslinie.
- Der Einsatz eines Lead Logistics Providers (LLP) für alle Materialbewegungen auf dem Werksgelände würde weitere Synergieeffekte ermöglichen.
- Die Produktionssequenzierung würde schon vor dem Schweißen der Rohkarosserie geplant werden und nicht erst vor der Endmontage. Dadurch hätten alle Zulieferer längere Vorläufe und die Prozesse in der Endmontage wären stabiler. Dies erforderte jedoch ein automatisches Karosserielager mit einer Kapazität von 378 Karossen, in dem die Karosserien nach dem Lackieren wieder in die richtige Reihenfolge für die Endmontage umsortiert werden können.

Entsprechend definierte die Logistik-Strategie zunächst für alle Teile die optimalen Nachschubverfahren, stellte dann die Infrastruktur bereit, ordnete die Verantwortlichkeiten eindeutig zu und lagerte weitest möglich logistische Prozesse an Zulieferer aus.

Es ergaben sich fünf Nachschubverfahren: Die Vormontage und Zuführung JIS aus dem Industriepark, Direktzuführung an die Montage JIS (für Räder beispielsweise) und JIT (zum Beispiel für Tanks, Motoren und Getriebe) sowie die konventionelle Anlieferung aus einem Konsolidierungslager entweder sequenziert oder nicht sequenziert (vor allem für Kleinteile und Schüttgut). Das Zentrallager wurde in die Produktionshalle gelegt, um auch hier wieder die Wege zu optimieren.

Auch beim Bau des Gebäudes für die Vormontage der Module durch die Lieferanten wurden wieder optimale logistische Abläufe als Maßgabe vorausgesetzt: Das Material wird mit Sattelschleppern angeliefert, die leicht schräg unter einem Schleppdach an den Außenwänden der Hallen entladen werden. Die schräge Anordnung ermöglicht eine größtmögliche Anzahl von Lieferfahrzeugen und erlaubt trotzdem noch die seitliche Entladung mit Gabelstaplern.

Die Vormontageabläufe im Gebäude bewegen das Material von der Peripherie an einen zentralen Gang, von dem aus die Module mit Schleppzügen durch einen Tunnel zur Endmontagehalle gebracht werden.

Nach diesem Materialflussprinzip sind auch die Roboter in der Montage der Rohkarossierien aufgebaut: an der Peripherie - und auf zwei direkt befahrbaren Geschossen - die Roboter, denen das Material in großen Containern zugeführt werden muss, und zur Mitte hin die Schweißroboter, die kaum Material benötigen.

Das Logistik-Konzept wurde 1998 mit Miebach Logistik erarbeitet; Baubeginn der neuen Endmontage war August 1999; die Implementierung des Logistik-Konzepte begann im Jahr 2000; seit Juni 2003 wird der Viano produziert.

1: Nachschubwege der Direktanlieferung
2: Nachschubwege der konventionellen Anlieferung aus dem Konsignationslager
3: Nachschubwege im Industriepark
4: Blick auf die neue hufeisenförmige Endmontagehalle und der Industriepark *im Vordergrund*

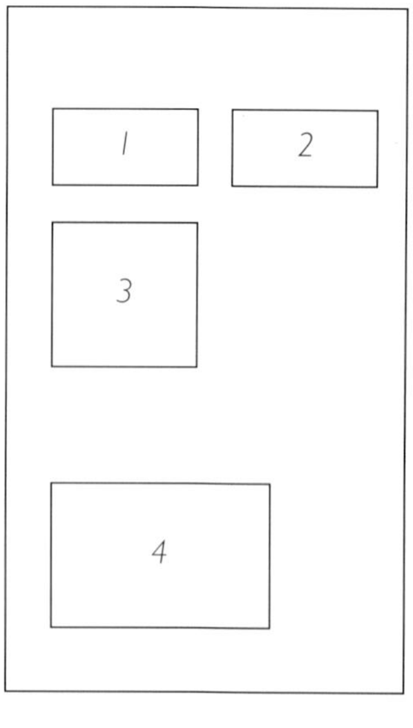

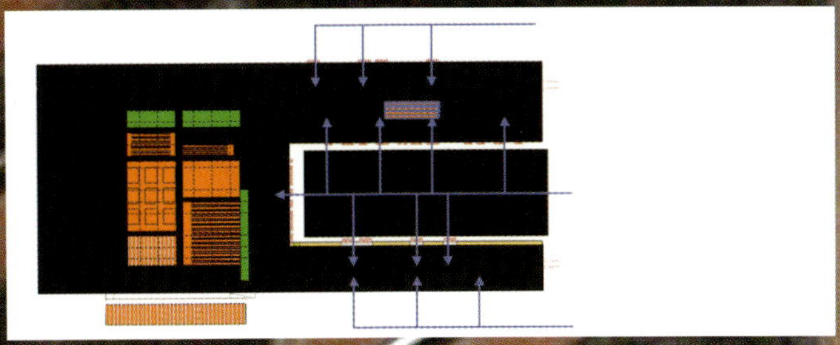

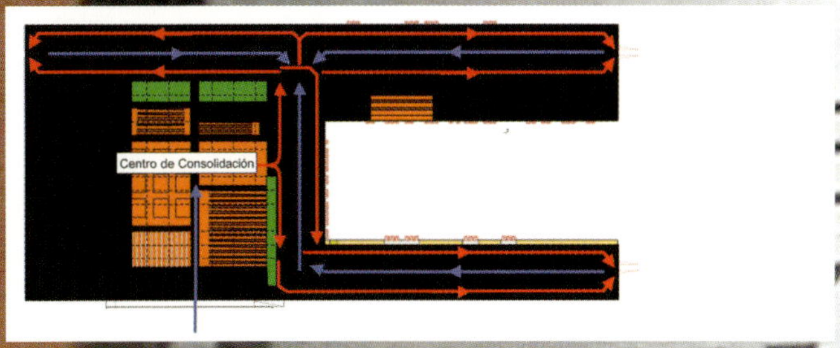
Centro de Consolidación

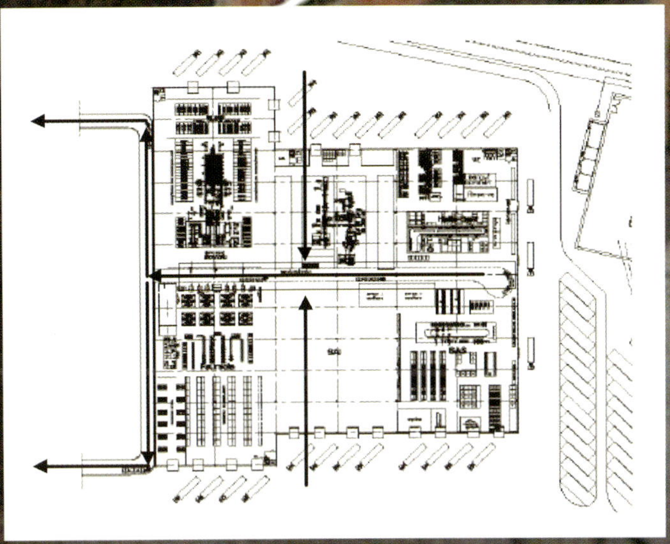

DaimlerChrysler als Logistikdienstleister

Lieferanten-Logistik-Zentrum Sindelfingen

Dr. Hartmut Graf, Leiter des Center Logistik Sindelfingen

Lieferantenmanagement ist Voraussetzung für eine effiziente Supply Chain

Jeder dritte Kunde holt seinen Mercedes in Sindelfingen selbst ab. Unser Kundencenter spielt dabei die Rolle des Schaufensters für das größte Produktionswerk von DaimlerChrysler.

Unsere Kunden - aber auch Schulklassen, Journalisten, Mitarbeiter aus dem ganzen Konzern und andere Besuchergruppen - sehen hier, wie ein Mercedes entsteht. Dabei sehen sie auch, wie Bauteile und Baugruppen an der Montagelinie eingebaut werden.

Aber die Tatsache, dass täglich 1.400 Lastwagenladungen mit Teilen eingehen, die alle zum richtigen Zeitpunkt am richtigen Verbauort sein müssen, wird ihnen in der ganzen Tragweite meist nicht bewußt.

Hinter dieser Logistik-Leistung steht ein erheblicher planerischer und organisatorischer Aufwand, der damit beginnt, die Teile und Baugruppen einer der drei Standardanlieferformen zuzuordnen. Just-in-sequence, Just-in-time oder in einstufiger Lagerabwicklung über das Lieferanten-Logistik-Zentrum (LLZ) werden die Teile angeliefert - nachdem die Lieferanten von diesen Lieferformen überzeugt, die Abläufe geplant und die Prozesse implementiert sind.

Werfen Sie mit mir einen Blick auf einen dieser Prozesse, die einstufige Lagerabwicklung über das Lieferanten-Logistik-Zentrum im Werk Sindelfingen!

Daimler Chrysler Werk Sindelfingen, Tor 5: Sattelschlepper auf Sattelschlepper fährt in das Werksgelände ein. Gut 1.400 Lkw am Tag sind es, die von fast 1.100 Lieferanten aktives Serienmaterial bringen. 160.000 verschiedene Kaufteile braucht es, um die 500.000 Pkw zu bauen, die im größten Werk von DaimlerChrysler jährlich vom Band laufen. Und entsprechend kümmern sich auch 2.100 der 40.000 DaimerlChrysler Mitarbeiter in Sindelfingen ausschließlich um Logistik.

Drei Standardanlieferformen gibt es bei DaimlerChrysler:

Hintergrund: Jeder dritte Kunde holt seinen Mercedes im Kundencenter in Sindelfingen selbst ab.

1: Das Werk Sindelfingen ist das größte DaimlerChrysler Werk. Das LLZ ist am oberen Bildrand links zu erkennen.

Anlieferung Just-in-Sequence, bei der die Baugruppen schon in der Reihenfolge an die Montagelinie geliefert werden, in der sie dort verbaut werden sollen. Ein sehr steuerungsintensiver und daher teurer Prozess.

Dann gibt es Anlieferung Just-in-Time, bei der sortenrein solche Bauteile angeliefert werden, die vom Lieferanten in wirtschaftlichen Losgrößen direkt auf bereitstehende Sattelauflieger produziert werden können und dann von diesen Aufliegern abgenommen und verbaut werden - ein quasi bestandsfreier Prozess.

your place in the world...
1981 Airbag
PKW-Dieselmotor
Windowbag
SBC
ADS
Sicherheitslenksäule

Als dritter Standardprozess wurde im Jahr 1996 auf der Basis eines idealen Pilotprozesses die einstufige Lagerabwicklung über ein Lieferanten-Logistik-Zentrum (LLZ) etabliert. Dieser Prozess eignet sich vor allem für Material, das in größeren Losgrößen produziert werden muss, um wirtschaftlich zu sein, und daher ein Lager benötigt, in dem der Produktionsprozess beim Lieferanten von der Montage bei DaimlerChrysler abgekoppelt werden kann.

Aber eben auch nur ein Lager - das ist die Besonderheit dieses Prozesses. Im LLZ lagert Material verschiedener Lieferanten produktionsnah und unter einem Dach. Die Lieferanten selbst haben in diesem Fall keine eigenen Lager mehr.

Multi-User-Warehouse unter Dienstleister-Regie

Bewirtschaftet wird das LLZ von einem Logistik-Dienstleister oder, wie am Standort Sindelfingen realisiert, von DaimlerChrysler selbst. Die Waren im LLZ gehören jedoch den Lieferanten, die auch im Rahmen vereinbarter Mindest- und Maximalreichweiten selbst entscheiden, wann sie die Bestände auffüllen und bis zu welcher Höhe. Erst wenn der Ladungsträger das LLZ verläßt und per Barcode-Scan dem Lagerverwaltungssystem als entnommen gemeldet wird, geht er ins Eigentum von DaimlerChrysler über und wird entsprechend fakturiert.

LLZ als Spinne im Netz

Als besonders güngstig erwies sich der Standort des im August 2002 in Betrieb genommenen LLZ im Bau 48/1 auf dem Werksgelände: Er ist in unmittelbarer Nähe zu den drei Produktionshallen der C-, E- und S-Klasse gelegen und die Lagerorte sind immer auf der Ebene der späteren Verbauorte. So kann die Belieferung ans Band ebenerdig mit Schleppzügen erfolgen und im Obergeschoss über eigens gebaute Brücken mit Gabelstaplern, die bis zu 6 Industriepaletten auf einmal transportieren können. Die 170 Lkw täglich für das LLZ werden auf einen Warteplatz abgerufen und fahren dann auf Anforderung unter das Schleppdach zur Entladung. Im LLZ finden 20.000 Paletten Platz; die tägliche Ein- und Auslagermenge beträgt bis zu 3.200 Ladungsträger. Die Ladungsträger werden in »dynamischer Blocklagerung« eingelagert, ein Verfahren, das die Lagerplätze nicht fest nach Sachnummern, sondern dynamisch-chaotisch nach Platzbedarf und -angebot vergibt.

Aufnahme der Lieferanten ins LLZ

Miebach Logistik unterstützt DaimlerChrysler bei der Aufnahme der Lieferanten ins LLZ, indem zunächst über Kennzahlen die Lieferanten identifiziert werden, für die eine Integration sinnvoll ist. Nach den Verhandlungen mit DaimlerChrysler unterzeichnen beide Parteien einen Letter of Intent und dann geht es darum, IT-Systeme zu integrieren und in sechs bis acht Wochen die physische Umsetzung durchzuführen. Auch hierbei unterstützt Miebach Logistik die DaimlerChrysler Logistik und ihre Lieferanten.

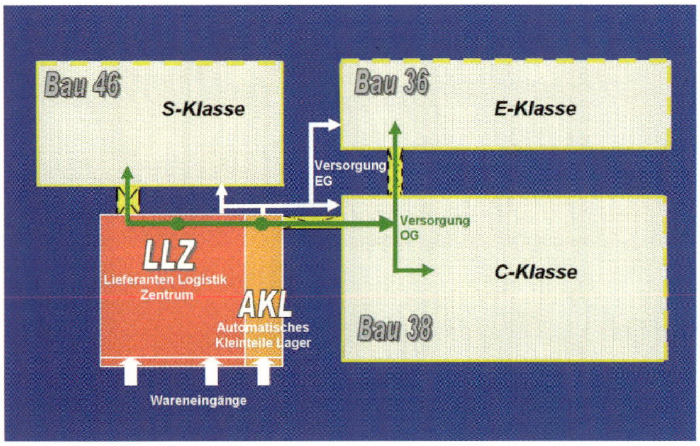

Der ideale Standort für ein Lieferanten-Logistik-Zentrum: zwischen den drei Produktionshallen und im Obergeschoss mit direkter Anbindung über Brücken für Flurförderzeuge

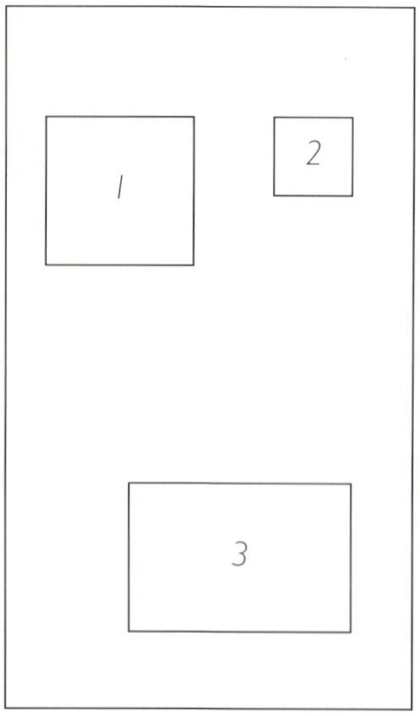

Hintergrund: Im Lieferanten-Logistik-Zentrum werden die Bauteile in dynamischer Blocklagerung gelagert.

1: Der Staplerfahrer scannt Ladungsträger und Lagerort sowohl bei der Ein- als auch bei der Auslagerung.

2: Das Logo des Center Logistik im DaimlerChrysler-Werk Sindelfingen

3: Wareneingang des LLZ

LOG
45-2257
LMC 050 2

Just-in-Sequence in Hallenstruktur 2000

Sitze für vier Modellreihen sollen in der neuen Sitzefertigung im BMW-Werk 2.4 gefertigt werden. Zur Verfügung stand der Hallenplatz, auf dem bis dahin Sitze für nur einen Fahrzeugtyp gefertigt worden waren.

Die Umstellung auf neue Fertigungsprozesse sollte ohne Betriebsunterbrechung erfolgen. Zusätzlich sollten Sitze, die in Carsets - also immer alle Sitze für ein Fahrzeug - von externen Lieferanten angeliefert werden, in die neuen Abläufe integriert werden.

Nach einem Konzeptwettbewerb hat Miebach Logistik gemeinsam mit dem BMW Projektteam ein Grobkonzept so weit ausgearbeitet, dass der Investitionsantrag gestellt werden konnte. Es folgte die Detailplanung aller Funktionsbereiche, das IT-Konzept für einen Sitzefertigungsrechner, der in die BMW-IT Struktur zu integrieren war, die Ausschreibungen und die Vergabe.

Schließlich hat ein Kernteam, aus Mitarbeitern von BMW und Miebach Logistik das Projektmanagement für Fördertechnik, Abläufe und IT-Implementierung übernommen. 2002 arbeitete bereits die Hälfte der BMW-Mitarbeiter in der Sitzefertigung nach dem neuen Konzept.

Das Materialflusskonzept

Das neue Materialflusskonzept setzt sich aus zwei Basiselementen zusammen: Der Sitzefertigungsrechner steuert die Fertigung und eine Elektro-Hängebahn (EHB) führt auf einem eigens konstruierten Transportgestell alle benötigten Teile an die Montageorte in der Sitzefertigung.

Über mehr als 50 Meldestellen der Elektro-Hängebahn erhält der Sitzefertigungsrechner aktuell den Bearbeitungsstand aller in der Fertigung befindlichen Carsets. Dabei sind täglich bis zu 900 Carsets zu montieren.

Montageinseln für die Fertigung kompletter Carsets

Das neue Konzept geht von Montageinseln aus, in denen jeweils ein komplettes Carset, also alle Sitze für ein Fahrzeug montiert werden.

Die Montageinseln für Polsterei und Vormontage sind dabei entkoppelt, da unterschiedliche Taktzeiten der Aufträge berücksichtigt werden müssen.

Die Montageinseln werden mit der Elektro-Hängebahn versorgt. Die Transportgestelle dieser EHB durchlaufen den gesamten Hallenbereich und nehmen alle für ein Carset notwendigen Bauteile auf. Nach der Montage nehmen sie das fertige Carset selbst auf und führen es just-in-sequence an die Endmontagen in den beiden Montagehallen. Für eine Halle wechseln die Transportge-

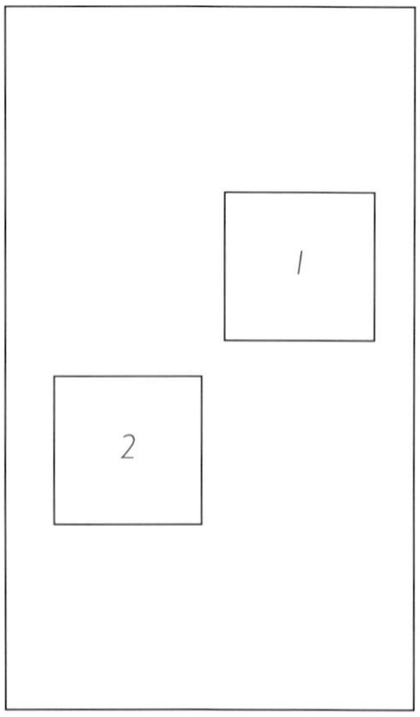

Hintergrund: BMW-Sitze im Ausstellungsraum
1: Die Vormontage der Sitze
2: Mit der Elektrohängebahn wird das Material zu den Montageinseln gebracht.

stelle von der EHB auf eine vorhandene Einschienen-Palettenbahn (EPB), ohne dass die Carsets auf andere Träger umgepackt werden müssen. Auf diese Weise werden die in der BMW-Sitzefertigung montierten Sitze genau so angeliefert wie die extern gefertigten: in kompletten Carsets just-in-sequence und auf einem Ladungsträger je Carset.

Für die andere Halle übernimmt das neue System die Anlieferung an das Endmontageband. In einem neu errichteten »Penthouse« auf der bisherigen Dachfläche werden die intern gefertigten und die von extern über die EPB angelieferten Carsets sequenzgerecht zusammengeführt und über insgesamt 6 Heber an den 3 Einbauorten am Montageband bereitgestellt.

Der Sitzefertigungsrechner plant und steuert die Fertigung

Ein Sitzefertigungsrechner (SFR) führt die Fertigungsplanung und auch die Fertigungssteuerung durch. Nach Übernahme der Aufträge für die Fahrzeuge und der Information, welche Sitze extern produziert werden, plant der SFR Teilaufträge für die einzelnen Fertigungsbereiche mit geplanten Start- und Endzeiten. Mit diesen Zeiten werden die Fertigungsbereiche - das sind Kommissionierung, einschließlich großvolumiger Schaumteile, Näherei, Polsterei, Vormontage und Fertigmontage - so geführt, dass die Anlieferung der fertigen Carsets an die Endmontage »in Sequence« erfolgt.

Von der Planung bis zur Realisierung dieses System für die Sitzefertigung dauerte es insgesamt gut ein Jahr. Seit September 2002 ist es in Betrieb.

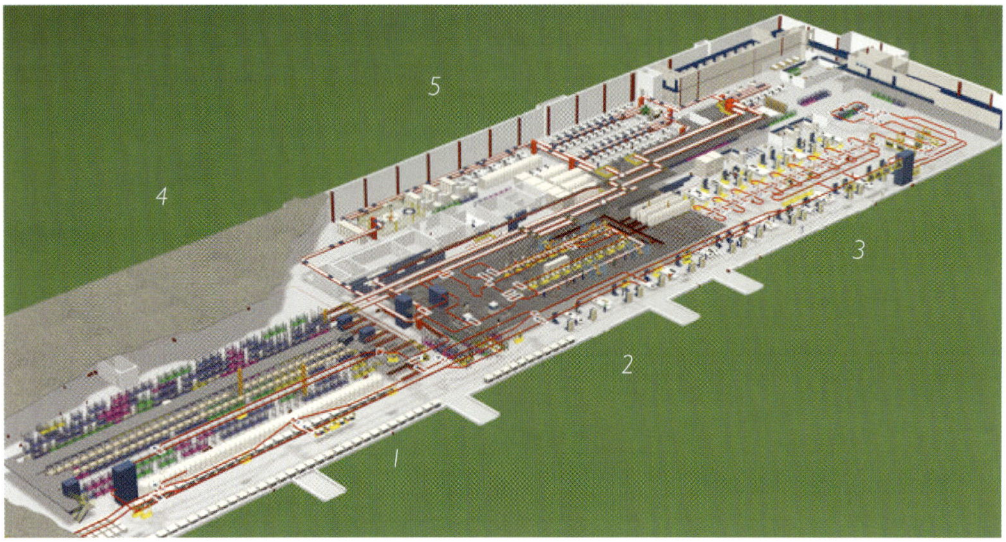

Blick in die Sitzmontage: 1: Kommissionierung Schäume, 2: Vormontage, 3: Polsterinseln, 4: Nähroboter, 5: Näherei

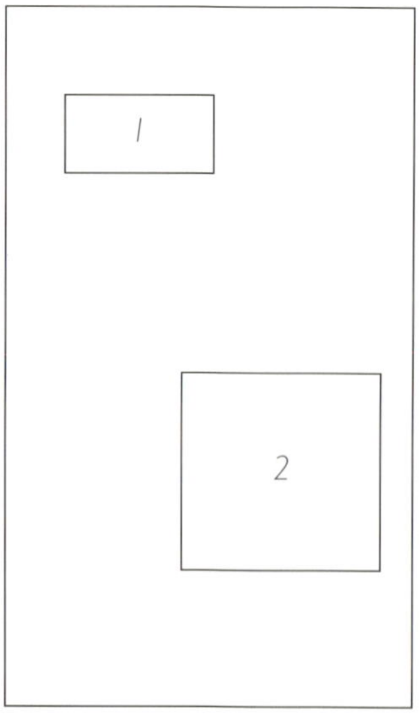

Hintergrund: Die Montagestraße
1: Die Elektrohängebahn liefert am Montageband komplette Carsets an.
2: Zuvor werden die Wagen der Elektrohängebahn in die richtige Reihenfolge gebracht.

US

Marktsegment Dienstleister

KEP: Kurier, Express, Post

Markttrends

Liberalisierung und Deregulierung des Transportmarktes sowie die steigenden Serviceanforderungen und die Globalisierung der Warenströme haben dazu geführt, dass erfolgreiche KEP-Dienstleister heute als weltweite Integratoren mit einem hochtechnisierten Netzwerk und weitreichendem Service-Portfolio operieren. Insgesamt hat auf dem Transport- und auf dem KEP-Markt in den letzten Jahren eine Konsolidierung stattgefunden. Dieser Trend hält vor dem Hintergrund der EU-Osterweiterung weiter an.

Logistiktrends

Kunden in heutiger Zeit verlangen von Ihren Logistikpartnern eine hohe Flexibilität, umfassende Serviceangebote bei reduzierten Lieferzeiten, hohe Zuverlässigkeit, Genauigkeit und Sendungsverfolgung bei wettbewerbsfähigen Kosten.

Um dies zu erreichen, ist vor allem eine integrierte Prozessabwicklung erforderlich die Kunden, Lieferanten und Sub-Unternehmer integriert und eine maximale Prozesstransparenz und Kontrolle ermöglicht.

Miebach Logistik Dienstleistungen

Miebach Logistik kombiniert die Erfahrungen im KEP-Bereich mit dem Wissen aus über hundert Projekten jährlich in der Industrie weltweit. Dies macht Miebach Logistik zum erfahrensten deutschen Supply Chain-Berater im Bereich Logistik.

Miebach Logistik unterstützt Kunden aus den Bereichen Transport, KEP und 3 PL bei der Erschließung neuer Geschäftsfelder und der Umsetzung von Kundenprojekten, beginnend bei der Angebotserstellung bis hin zu Realisierung und Inbetriebnahme.

»Auf Grund der langjährigen Erfahrung in der Entwicklung und Realisierung von integrierten Logistik-Netzwerken und -Systemen in verschiedensten Branchen kennt Miebach Logistik die Anforderungen aller Elemente der Supply Chain von der Produktion bis zum Endverbraucher.«

Jürgen Hess, 2003

Dr. Klaus Zumwinkel,
Vorstandsvorsitzender
Deutsche Post World Net

Logistik heißt sich vernetzen

Der Konzern Deutsche Post World Net ist heute im ständigen Dialog mit der Welt. Wir verbinden 220 Länder, fünf Kontinente, Regionen, Kulturen und Menschen - zu Lande, zu Wasser und durch die Luft.

Damit eröffnen wir unseren Kunden ein umfassendes Leistungsspektrum für Logistiklösungen entlang der Wertschöpfungskette.

Globalisierung, Outsourcing, Digitalisierung und One-Stop-Shopping, diese Trends bestimmen unser Handeln.

Basis unserer Dienstleistungen sind unsere sowohl national als auch international eng geknüpften und weltumspannenden Logistiknetze - vom Auftragsmanagement über den Transport bis zur Zahlungsabwicklung.

Unser Nachtluftpostnetz in Deutschland ist ein solches Netz, der Knoten, das internationale Postzentrum (IPZ), liegt in Frankfurt. Wir schlagen dort nicht nur die innerdeutsche Post um. Alle aus dem Ausland kommenden und ins Ausland gehenden Sendungen werden hier mit dem deutschen Netz verknüpft.

Damit stellt das IPZ den entscheidenden Pfeiler dar, Deutschland mit der Welt zu verbinden - und erfolgreiche Logistik heißt, sich erfolgreich vernetzen.

Airmail Center und Internationales Postzentrum am Frankfurter Flughafen:

Tempo und Präzision an Luftpost-Drehscheibe Nr. 1

Allein die deutschen Absender schicken täglich über den Flughafen Frankfurt fast zwei Millionen Briefe und 11.000 Pakete nach Übersee. Umgekehrt erhalten sie über drei Millionen Briefe und etwa 5.500 Pakete aus dem Ausland per Luftpost. Zusätzlich umgeschlagen werden dort täglich 100 Tonnen Luftpost, die in Frankfurt nur das Flugzeug wechselt. Die präzise Lenkung dieser riesigen Postflut garantieren das Airmail Center Frankfurt (ACF) und das benachbarte Internationale Postzentrum (IPZ) der Deutschen Post AG.

Der Frankfurter Flughafen ist sowohl Drehscheibe für die Post aus und nach Deutschland als auch "Nachtluftpost-Stern". Die meisten innerdeutschen Nachtluftpost-Flüge verlaufen über Frankfurt. Dort wird die Post umgeroutet. Da sämtliche Sortierprozesse zeitkritisch sind - die Post soll möglichst schon am nächsten Tag in Deutschland den Empfänger erreichen und im Ausland die Verteilzentren der dortigen Postgesellschaften - kam es darauf an, ein besonders effizientes und schnelles Umschlags- und Sortiersystem zu realisieren. Fraport, Lufthansa und Deutsche Post vergaben diesen Auftrag an

Im Hintergrund: Frankfurt / Main bei Nacht
1: Der Wareneingang im IPZ
2: Das Modell zeigt das IPZ (flaches Gebäude links und Neubau in der Mitte) und das Air Mail Center Frankfurt (flaches Gebäude rechts).
3: Das fünfstöckige Internationale Postzentrum am Frankfurter Flughafen

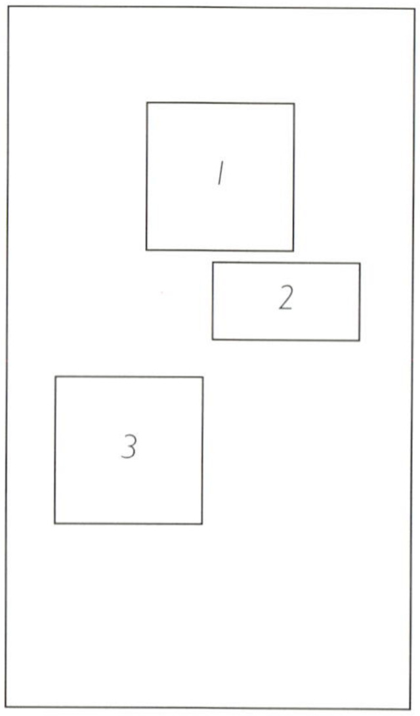

Frankf

Miebach Logistik. Die Lösung bestand in der Errichtung des Airmail Centers Frankfurts und dem Ausbau der benachbarten Luftpostleitstelle der Post AG zum Internationalen Postzentrum.

Betreiber dieses modernen High Tech-Sortierstandorts sind die drei Auftraggeber Fraport, Lufthansa und Deutsche Post. Im Airmail Center wird per Flugzeug eingehende Post entladen, sortiert und für ausgehende Flüge bereitgestellt.

Dieser Prozess dauert nicht einmal zehn Minuten. Modernste Fördertechnik leitet die aus dem Ausland eintreffende Post an das Internationale Postzentrum weiter. Den umgekehrten Weg legen die deutschen Briefe und Pakete mit ausländischem Ziel zurück.

Das Internationale Postzentrum: Sortieranlage der Superlative

Im Internationalen Postzentrum hat die Deutsche Post AG die Arbeit von 55 Luftpostleitstellen konzentriert. Den Materialfluss in diesem Sortierzentrum der Superlative plante Miebach Logistik. Der Auftrag umfasste die Layoutplanung im Altbau und im fünfgeschossigen Neubau sowie das technische Design im Rahmen der Durchsatzprognose und die Investitionskalkulation. Darüber hinaus zeichnete Miebach für die Ausschreibung und das Projektmanagement der Installation sowie die Inbetriebnahme von IT- und Fördertechnik verantwortlich. Zudem plante und moderierte Miebach die Integration der Prozesse in beiden Zentren, einschließlich des Schnittstellenmanagements, verantwortete das Change Management und begleitete den Betrieb in der Einführungsphase.

Airmail Center Frankfurt: Schnellsortierung im Dienst der Airlines

Das Airmail Center Frankfurt, eine Gemeinschaftsinvestition von Fraport, Lufthansa und Deutscher Post, sortiert für die Fluggesellschaften die internationale Luftpost. Herzstück ist ein leistungsfähiger Kippschalensorter. Er verteilt täglich 11.000 Transportbehälter mit Briefen, Briefbeuteln, Paketsäcken oder einzelnen Paketen auf 120 Flugspeicher.

Davon gibt es drei Typen: flugreine Speicher, Mehrflugspeicher mit Post für mehrere Flüge und Zeitscheibenspeicher. In den Zeitscheibenspeichern landet die Post für Flüge, die in einem bestimmten Zeitraum abgehen. Diese Post wird, da sie meist aus kleineren Sendungen besteht, per Hand nachsortiert.

Wie das Internationale Postzentrum betreute Miebach Logistik auch das Airmail-Center von der Konzeptstudie an. Dem technischen Design folgte die Budgetplanung, die Detailplanung und die Vorbereitung der Ausschreibungsunterlagen. Zudem unterstütze Miebach Logistik seine Auftraggeber bei der Auswahl der Zulieferer und übernahm das Projektmanagement für die Installation von IT- und Fördertechnik einschließlich Testüberwachung und Inbetriebnahme.

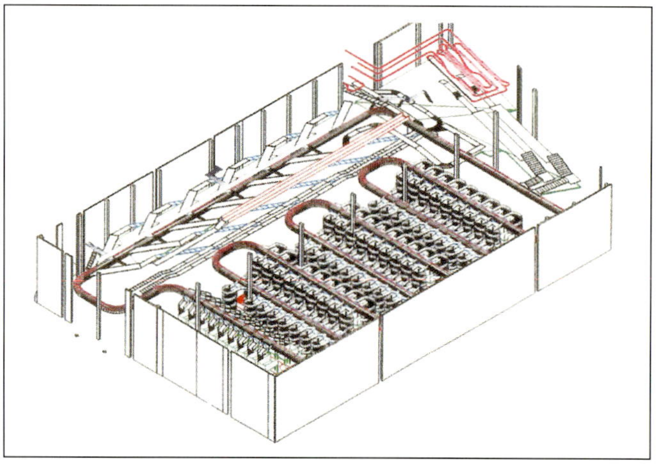

Der Materialfluss im ACF: Ein Kippschalensorter schlängelt sich über 120 Speicher und verteilt die Post innerhalb von 7 Minuten

Hintergrund: Der Vertikalförderer im Internationalen Postzentrum

1: Die Maxibrief-Sortieranlage hat besonders ergonomische Arbeitsplätze.

2: Der Hochleistungssorter im Airmail Center Frankfurt.

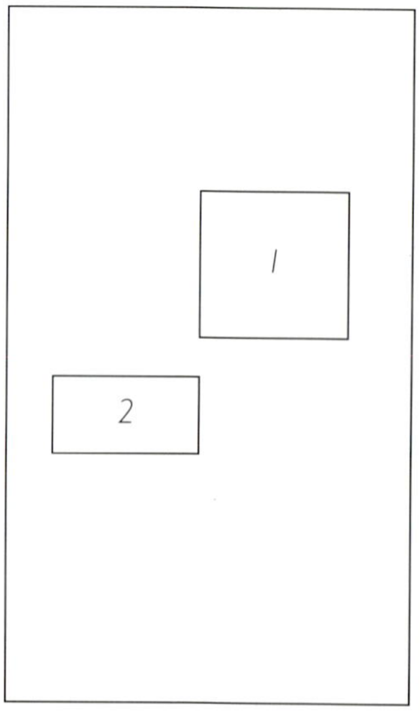

Correos y Telégrafos

Die spanische Post modernisiert ihre gesamte Logistik für fast 1,2 Milliarden Euro

Von 1997 bis zur Jahrtausendwende hat Correos y Telégrafos - die spanische Post - 77.500 Millionen Peseten in die Modernisierung der gesamten Logistik investiert und in den ersten vier Jahren des neuen Millenniums weitere 160.250 Millionen Peseten. Das sind 1,2 Milliarden Euro für eine »Rundumerneuerung«.

Diese Rundumerneuerung war notwendig geworden, um international wettbewerbsfähig zu bleiben und ein vernünftiges Verhältnis von Qualität und Kosten herzustellen. Dieses Ziel sollte durch eine weitestgehende Automatisierung der Postsortierung erreicht werden. Aufgrund der umfangreichen Erfahrung aus Projekten mit der Deutschen Post zog Correos y Telégrafos Miebach Logistik als Berater hinzu. Das Know-how der Deutschen Post wurde durch einen Vertrag mit der Deutschen Post Consult International eingebunden.

Spanien: Die Hälfte der Bevölkerung wohnt in drei Ballungszentren

Ein Problem, das die spanische Post zu lösen hat, ist die landesweit vergleichbare Qualität der Zustellung. Zwar hat Spanien nur ein Viertel der Bevölkerung Deutschlands, aber diese ist extrem ungleichmäßig verteilt. 50 Prozent der Postkunden wohnen in den drei Ballungsräumen Madrid, Barcelone und Valencia. Der Rest verteilt sich mehr oder weniger gleichmäßig in der Fläche. Das Postsystem war bis 1997 so aufgebaut, dass in jeder der 52 Provinzen mindestens ein Postzentrum existierte und diese die Post untereinander austauschten.

Neue Postzonen

Daher war eine der ersten Aufgaben der neuen Planung, die Postströme zu analysieren und die Standorte der Briefsortierzentren zu reduzieren. In verschiedenen Simulationen testete Miebach Logistik Systemalternativen: Briefverteilung mit einem bis zu vier zentralen Verteilzentren, mit mehreren regionalen Verteilzentren und eine Kombination aus beidem. Als ideal erwies sich eine Kombination aus zwei Zentren in den Metropolen Madrid und Barcelona und 14 regionalen Zentren. Durch diese Reduktion der Briefsortierzentren von 66 auf 16 wurde der Postfluss so konzentriert, dass in den Sortierzentren eine weitge-

1: Sortierzentrum der spanischen Post
2: Durch die Restrukturierung wurde die Zahl der Briefsortierzentren von 66 auf 16 verkleinert.

Santiago
Oviedo
Vitoria
Valladolid
Zaragoza
Barcelona
Madrid
Valencia
Mallorca
Mérida
Alicante
Sevilla
Tenerife
Las Palmas
Granada

hende Automatisierung rentabel wurde.

Vor der Automatisierung kommt die Standardisierung

Bevor an eine Automatisierung gedacht werden konnte, mussten jedoch verschiedene Standard-Formate definiert und ein entsprechendes Behältersystem entwickelt werden. Die bis dahin üblichen Postbeutel eigneten sich nicht zur automatischen Bearbeitung.

Analog dem deutschen System wurden die Brief- und Päckchenformate definiert:

Es gibt jetzt auch in Spanien den Standard-Brief, den Kompaktbrief und den Groß- bzw. Maxibrief, die in drei verschieden großen Behältertypen transportiert und mit verschiedenen Sortiertechniken verarbeitet werden. Einen Überblick bieten die Abbildungen auf Seite 55.

Definition der Abläufe im landesweiten Logistik-Netz

Das Ziel, 90 Prozent der Postsendungen am nächsten Tag zuzustellen, erfordert eine genaue Definition der Abläufe im Logistik-Netz: Bis 14.00 Uhr werden die Briefkästen geleert, die nicht direkt an ein Sortierzentrum angebunden sind. Bis 17.00 Uhr werden die Briefkästen geleert, die an Sortierzentren direkt angebunden sind und die Massenauflieferungen in den Sortierzentren entgegengenommen. Bis 20.00 Uhr sind alle Sendungen in der Abgangssortierung eingegangen und werden dort auf die Sortiermaschineneingänge der Eingangs-Sortierzentren vorsortiert. Im Nachtsprung werden nun die vorsortierten Sendungen zwischen den Sortierzentren ausgetauscht. Dabei dient Madrid als Zentral-Hub, das heißt, alle Sortierzentren liefern ihre Ausgangspost nach Madrid und holen ihre Eingangspost dort ab. Dazu gibt es nach und von Madrid sieben Luftverbindungen und 18 Straßenrelationen. Die Eingangspost trifft gegen 4.00 Uhr in den Sortierzentren ein, wird dann auf die Zusteller sortiert und an die Zustellbezirke verteilt, so dass die Auslieferung der Tagespost bis 14.00 Uhr abgeschlossen ist.

Kein Warenfluss ohne Informationsfluss

Parallel zum Aufbau der automatisierten Postbearbeitung wurden auch die IT-Systeme so aufgebaut, dass Controlling, Monitoring und Steuerung durchgängig möglich sind. Dabei wurde bei den Systemen unterschieden zwischen solchen, die den »Postprozess« unterstützen und solchen für die interne Verwaltung, wie Personal, Finanzwesen oder Management-Informations- und -Entscheidungssysteme.

Das Resultat: landesweit zuverlässige und pünktliche Zustellung

Das Resultat der Anstrengungen kann sich sehen lassen: Die druchschnittliche Brieflaufzeit betrug im Jahr 2000 nur noch 1,4 Tage, 70 Prozent der Sendungen kamen am Tag nach der Einlieferung an und dieser Prozentsatz wird sich bis zum Ende des Projektes mit der Automatisierung auf 90 Prozent gesteigert haben.

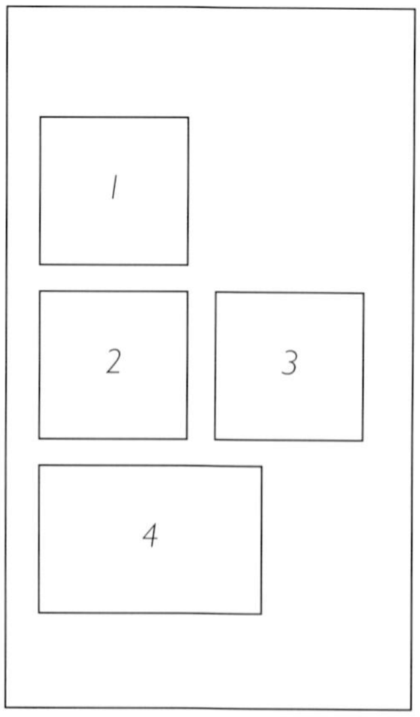

Hintergrund: Kreissorter für Päckchen und Pakete
1: Die Maxibrief-Sortieranlage
2: Sortieranlage für Standard-Briefe
3: Automatische Paketsortierung
4: Für jedes Format wird ein spezielles Sortierverfahren definiert.

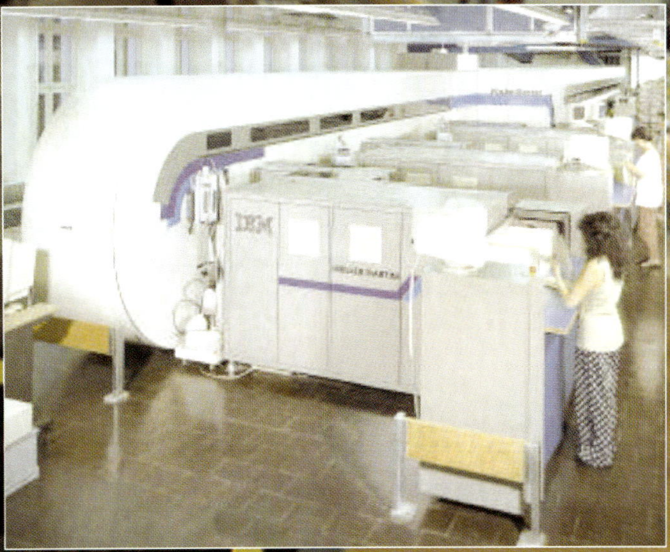

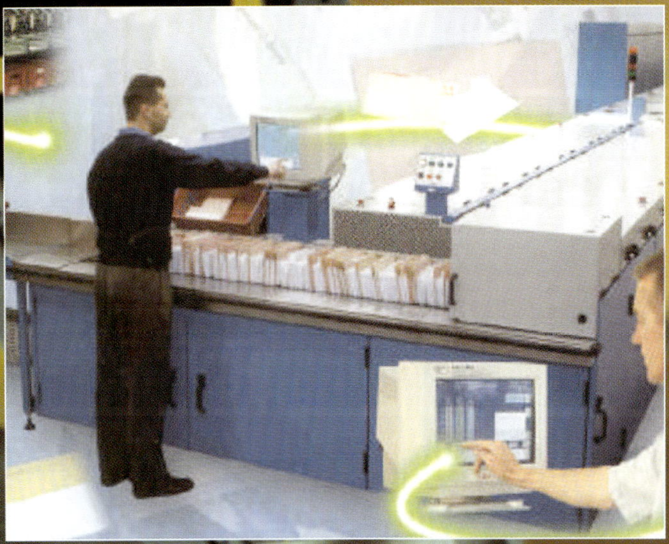

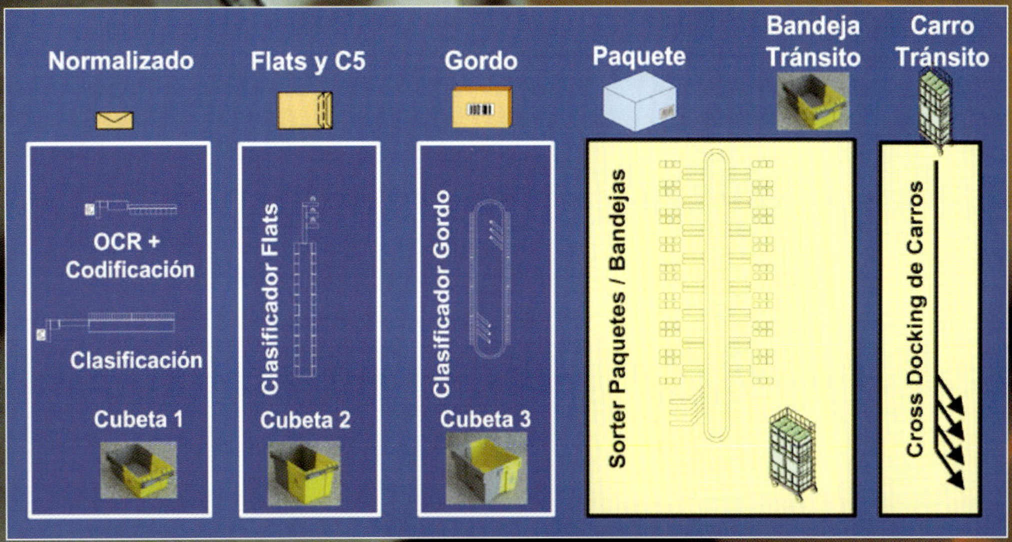
Normalizado
Flats y C5
Gordo
Paquete
Bandeja Tránsito
Carro Tránsito
OCR + Codificación
Clasificación
Cubeta 1
Clasificador Flats
Cubeta 2
Clasificador Gordo
Cubeta 3
Sorter Paquetes / Bandejas
Cross Docking de Carros

Marktsegment Dienstleister

Logistik-Dienstleister

Markttrends

Die Entdeckung der Logistik als Wettbewerbsfaktor hat das Überleben von Logistik-Dienstleistern davon abhängig gemacht, dass sie sich zu Logistikspezialisten entwickeln.

Die Industrie konzentriert sich zunehmend auf ihre Kernkompetenzen, reduziert eigene Logistik-Einrichtungen und vergibt den Bereich Logistik an spezialisierte Dienstleister, die best-in-class Logistik-Services anbieten.

Von diesem weiterhin steigenden Marktvolumen im Bereich hochwertiger Logistikdienstleistungen und Outsourcing können spezialisierte Logistik-Dienstleister profitieren, wenn es ihnen gelingt, einen zusätzlichen Kundennutzen in den Bereichen
- Kosten
- Service
- Flexibilität
- Qualität

zu generieren.

Logistiktrends

Kunden in heutiger Zeit verlangen von Ihren Logistikpartnern eine hohe Flexibilität, umfassende Serviceangebote bei reduzierten Lieferzeiten hohe Zuverlässigkeit, Genauigkeit und Sendungsverfolgung bei wettbewerbsfähigen Kosten.

Um dies zu erreichen, ist vor allem eine integrierte Prozessabwicklung erforderlich. Dies gilt nicht nur für den Transport sondern auch für die Bereiche der Lager- und Distributionsabwicklung. Damit werden IT-Kompetenz und Integrationsfähigkeit zu Schlüssel-Erfolgsfaktoren.

Vor allem hochwertige Logistikleistungen wie Konfektionierung, Kleinstauftragskommissionierung, Auftragsabwicklung, Rechnungsstellung und Prüfung sowie im Bereich des Bestandsmanagements werden zukünftig vermehrt von Kunden bei Logistik Service Providern angefragt werden.

Miebach Logistik Dienstleistungen

Miebach Logistik kombiniert die Erfahrungen im Dienstleistungsbereich mit dem Wissen aus über hundert Projekten jährlich in der Industrie weltweit. Dies macht Miebach Logistik zum erfahrensten deutschen Supply Chain-Berater im Bereich Logistik.

Miebach Logistik unterstützt Kunden aus den Bereichen Transport, KEP und 3 PL bei der Erschließung neuer Geschäftsfelder und der Umsetzung von Kundenprojekten beginnend bei der Angebotserstellung bis hin zu Realisierung und Inbetriebnahme.

»Auf Grund der langjährigen Erfahrung in der Entwicklung und Realisierung von integrierten Logistik-Netzwerken und -Systemen in verschiedensten Branchen kennt Miebach Logistik die Anforderungen aller Elemente der Supply Chain von der Produktion bis zum Endverbraucher.«

Jürgen Hess, 2003

Heinz Fiege

Wir opitmieren nicht einmal, sondern immer

Wir haben mit den Mega Centern eine mega effiziente Infrastruktur für unser Warehousing-Angebot. Auf bis zu 235.000 Quadratmetern findet hier eine Fülle logistischer Dienstleistungen statt.

Im Mega Center Berlin konzentrieren wir uns ganz auf die Auslieferung des Möbel- und Großgütersortiments von Neckermann und haben das Lager entsprechend erweitert und Abläufe und Prozesse optimiert.

Damit dieser einmalige Erfolg auch für die Zukunft erhalten wird, gibt es im Zweijahresrhythmus Weiterbildungspläne und Optimierungspläne für die Abläufe.

Gerade der Logistikbranche ist es wichtig, nicht nur die Abläufe kontinuierlich zu verbessern, sondern auch das Verständnis und die Motivation des eingesetzten Personals laufend zu erweitern und zu pflegen.

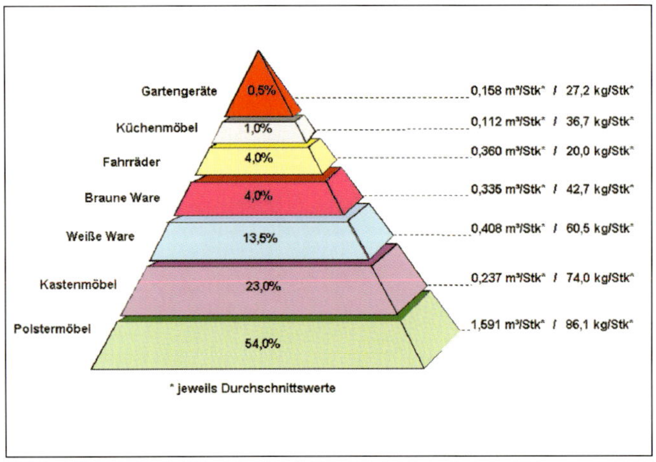

Das Artikel- und Bestandsspektrum im Mega Center mit den jeweiligen Durchschnitssvolumina und -gewichten der Colli

Möbel- und Großgüterlogistik

Das Fiege Mega Center Berlin

Aus dem Fiege Mega Center Berlin werden schon seit 1995 Montagemöbel der Neckermann Versand AG in den Norden und Osten Deutschlands geliefert. 1998 stellte Neckermann das Lieferkonzept auf zwei Lieferstandorte um, so dass nun aus Berlin das gesamte Möbel- und Großgütersortiment geliefert wird.

Das sind bei einem Sortiment von 5.230 Artikeln - mit halbjährlichem Sortimentswechsel - 2.200 Kundenaufträge pro Tag, von denen ein Viertel schon am nächsten Tag ausgeliefert werden muss.

Diese Herausforderung hatte zur Folge, dass das Mega Center seinen Lagerbereich von 18.000 Quadratmetern auf 65.000 Quadratmeter erweitern musste und nun 170 Mitarbeiter beschäftigt, das zweieinhalbfache der ursprünglichen Anzahl.

Der Warendurchsatz beträgt heute 3.000 Warenstücke mit einem Gesamtgewicht von 21 Tonnen und einem Volumen von 1.870 Kubikmetern, aufgeteilt in 5.900 Colli. Diese Leistung wurde möglich, weil im Zuge der Erweiterung die Abläufe und internen Prozesse optimiert und auf das Gesamtkonzept

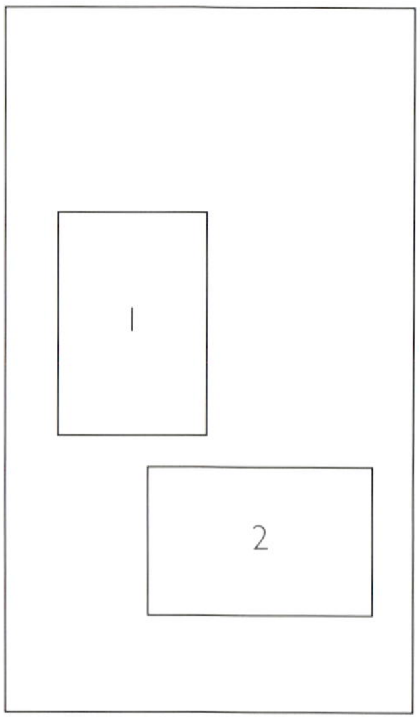

Hintergrund: Auch Badezimmermöbel werden über das Fiege Mega Center Berlin ausgeliefert. Spiegel, Waschbecken, Beleuchtung und Schränke kommen von unterschiedlichen Lieferanten und werden hier zusammengestellt.

1: Fiege in Brieselang

2: Das Fiege Mega Center Berlin, eins von neun Mega Centern

FIEGE WDZ

von Neckermann ausgerichtet und über die EDV angebunden wurden. Dabei haben die Berliner Berater der Miebach Logistik GmbH Fiege unterstützt.

Schon bei der ursprünglichen Planung hatte Miebach Logistik geholfen: Planung der Lagerabläufe, Kommisionierabläufe und Sortimentszuordnung, die Machbarkeitsstudie für ein Transportsystem, die Ablaufhandbücher und das Schulungsmaterial sowie schließlich die Optimierung nach der Inbetriebnahme gehörten zu ihrem Aufgabenspektrum.

So war es nur folgerichtig, sie bei der Erweiterung wieder einzusetzen: für die Dimensionierung und Konzeptplanung der Erweiterung, die Definition einer Einlagerstrategie und die Hilfen für die Wareneingangsleitung in der Umzugsphase und bei Katalogwechseln. Der Wareneingang nämlich entscheidet über die »Vorzugslagerorte« für jeden Artikel und hat damit erheblichen Einfluss auf die Produktivität bei der späteren Kommissionierung.

Dabei hält das Sortiment des Mega Centers einige spezielle Anforderungen bereit:

- Möbel bestehen in der Regel aus mehreren Colli, zum Teil von unterschiedlichen Lieferanten, und müssen bei der Kommissionierung zu Sets oder neuen Artikeln zusammengestellt werden.
- Polstermöbel müssen für die Einlagerung erst auf Möbelcorletten gepackt werden, Rollkäfige von unterschiedlicher Länge und Höhe, die dann zum Transport und zur Einlagerung dienen. Sie sind unterschiedlich konstruiert für Blocklagerung und Regal.
- Kastenmöbel werden palletiert geliefert, bestehen aber aus bis zu 14 Colli, die jeweils gesondert palletiert sind.
- Weiße Ware, braune Ware, kartonierte Fahrräder und Gartengeräte werden lose angeliefert und erfordern separate Lagerbereiche.

Das Lagerverwaltungssystem erstellt einen Vorschlag für den Vorzugslagerort, abhängig von den Artikeleigenschaften, dem voraussichtlichen Mengendurchsatz, der zweckmäßigsten Lagerart und den besten Kommissionierbedingungen. Von diesem Vorschlag kann der Wareneingang abweichen, aber das erfordert besondere Erfahrung und Weitsicht.

Das Lagerverwaltungssystem ist »nach oben« über das Warenwirtschaftssystem von Fiege mit dem Warenwirtschaftssystem von Neckermann verbunden. So kann die telefonische Bestellung bei Neckermann über diese Systeme den Kommissioniervorgang im Lager auslösen.

Dabei hat der Kunde die Wahl zwischen der Lieferung innerhalb von 24 Stunden, zu einem Wunschtermin innerhalb von drei bis fünf Tagen oder zu einem Vorschlagstermin von Neckermann.

Kommissioniert und zum Versand gebracht wird nach drei Strategien:

- »Ware zum Mann« bei Polstermöbeln aus dem Schmalganglager mit den Corletten,
- »Mann zur Ware - artikelbezogen« bei weißer Ware und
- »Mann zur Ware - tourenbezogen« bei Kastenmöbeln.

Die Mitarbeiter erhalten einen Gruppenleistungslohn, verbunden mit individuellen Arbeitszeitkonten. Dadurch wird gewährleistet, dass trotz der erheblichen täglichen und periodischen Zuliefer- und Auftragsschwankungen die Arbeitsproduktivität um 24 % gesteigert werden konnte.

Vorteile hat diese Regelung für alle Beteiligten: Die Mitarbeiter bekommen Leistungsprämien, die Preise des Mega Centers gegenüber Neckermann bleiben stabil und das Mega Center erwirtschaftet bessere Gewinne.

Hintergrund: Corlettentransport
1: Breitganglager
2: Schmalganglager: Hier ist die Ware auf Corletten eingelagert, auf denen sie im Lager auch transportiert wird.

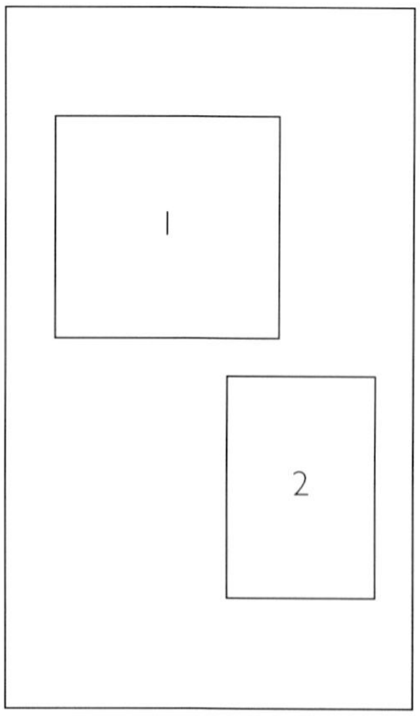

Bernd Spenner
Geschäftsführer
Pracht Spedition + Logistik GmbH

Pracht Spedition + Logistik GmbH
Siegenia-Aubi KG

Logistik für die Beschlagindustrie

Logistik-Dienstleister bieten vor allem Prozess-Know-how

Bereits in den 80er Jahren hat Pracht seinen Kunden integrierte Supply Chain Lösungen von der Beschaffung über die Lagerung bis hin zur Distribution angeboten.

Als Tochterunternehmen von Hapag-Lloyd und Partner des nationalen IDS-Verbundes sowie der europäischen Speditionskooperation *elix* ist Pracht in der Lage, europaweit ein Gebiet mit 220 Mio. Endverbrauchern im 24-Stunden-Service abzudecken. Insgesamt verfügt Pracht über 135.000 Quadratmeter eigene Lagerflächen, die für Supply Chain-Lösungen eingebracht werden können.

Pracht ist ein innovatives Logistikunternehmen, das seinen Kunden Qualität und serviceorientierte Logistiklösungen aus einer Hand anbietet. Die hohe IT-Kompetenz von Pracht ermöglicht eine rasche und einfache

Das Unternehmen Siegenia-Aubi KG in Siegen, der führende Anbieter von hochwertigen Fenster- und Türbeschlagsystemen, hat sich im Laufe des Jahres 2001 dafür entschieden, ein umfassendes Outsourcing der gesamten Distributionslogistik des Standortes Siegen für Deutschland und die Versorgung der europäischen Niederlassungen an einen geeigneten Dienstleistungspartner zu übertragen.

Kriterien: Service und Lieferqualität

Neben den Kosten stand für Siegenia-Aubi KG vor allem der Kundenservice, die Lieferqualität und - aufgrund hoher saisonaler Schwankungen - die Flexibilität der Leistungserbringung im Vordergrund. Im Einzelnen bedeutet dies:

- Übernahme der Ware nach der Fertigung
- Online-Bestandsführung und Übermittlung in das Siegenia-Aubi-System
- zeitgerechte Kommissionierung und Auftragskonsolidierung unter Beachtung der Lieferterminvorgaben von Siegenia-Aubi
- Termingerechte Auslieferung innerhalb Deutschlands und Europas, gegebenenfalls innerhalb von 24 Stunden nach Auftragseingang
- Versendung der Waren entsprechend warengruppen- und auftragspositionsgesteuerter Packschemata
- Abwicklung von Kapazitätsschwankungen in einer Größenordnung von bis zu 50%.

Prozesskompetenz entscheidet

Die Integration von Spedition und Logistik, die regionale Nähe und die hohe Logistik- und IT-Kompetenz von

Weiter auf Seite 64 Spalte 2

Kundenanbindung und den Aufbau einer Partnerschaft zum Nutzen aller Beteiligten.

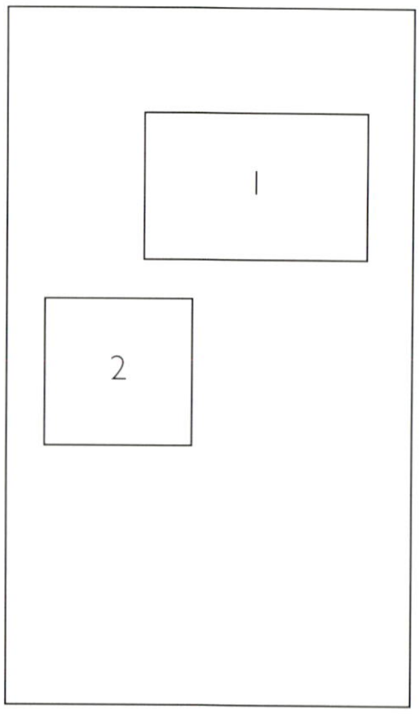

1: Pracht ist eine 100prozentige Hapag-Lloyd-Tochter
2: Stückgut in Deutschland wird von Pracht im Rahmen des IDS-Verbundes transportiert.

rodukt ist Service
Pracht
Spedition+Logistik
PWP
945

Hapag-Lloyd

IDS

Lothar Friz
Leiter Logistik
Siegenia-Aubi KG

Optimale Logistikprozesse - Garant für die Zukunft!

Stets darum bemüht, die Prozesse weiter zu verbessern - im Sinne des Leitgedankens »SOLUTIONS INSIDE« und »mit unseren Partnern beste Lösungen zu schaffen« - steht die SIEGENIA-AUBI KG für zuverlässige Qualität und richtungsweisende Innovation bei Beschlag- und Lüftungstechnik.

Aber zur Produktqualität gehört heute auch die Servicequalität, das bedeutet "Best-Practice" bei der Umsetzung unserer Kundenwünsche.

Was liegt also näher, als einen Logistik-Dienstleister zu beauftragen, zu dessen Kernkompetenz diese Art von Distributionslogistik gehört? Die Prozess-Kompetenz von Pracht ergänzt unser eigenes Prozess-Know-how erfolgreich, in den Augen unserer Kunden und als Partner unseres Vertriebs.

Ganz im Sinne unseres Leitgedankens: "Mit unseren Partnern beste Lösungen schaffen"!

Fortsetzung von Seite 62
Pracht führten letztendlich dazu, dass Siegenia-Aubi die gesamten Distributionslogistik an Pracht vergeben hat.

Die gemeinsam mit Miebach Logistik entwickelte Logistikkonzeption von Pracht bietet eine kundenindividuelle Logistiklösung am Pracht-Standort in Haiger, die geeignet ist, alle Anforderungen bezüglich Qualität, Service, Leistung und Informationstransparenz seitens der Siegenia Aubi KG optimal abzudecken.

Das Lager: maßgeschneidert

Zu diesem Zweck hat Pracht ein spezielles Schmalganglager für ca. 14.000 Palettenplätze, ein Langgutlager und ein virtuelles Kommissionierlager für Schnelldreher sowie einen dynamisch belegbaren Auftragskonsolidierungs- und Packbereich eingerichtet.

Zweistufige Kommissionierung mit variabler Batchgröße

Die stringente Ausrichtung des Lagerbereichs nach ABC-Kriterien in Kombination mit einer zweistufigen Kommissionierung mit variabler Batchgröße sind die Basis für eine hohe Effizienz und Flexibilität in der logistischen Abwicklung und die Erfüllung der qualitativen Anforderungen, vor allem im Bereich der Packschemata.

Flexibilität durch Verzicht auf Automatisierung

Aufgrund der hohen saisonalen Schwankungen hat Pracht bewusst auf eine hohe Automatisierung verzichtet und mittels systemgestützter, anforderungsspezifischer Prozesse und Lagerstrukturen ein Optimum zwischen Flexibilität und Effizienz erreicht.

IT-Integration der gesamten Transportkette

Die IT-Integration aller externen und internen Partner erlaubt Pracht eine frühzeitige Planung von Kapazitäten sowohl im Personal- als auch im Transportbereich. So wird eine effiziente Nutzung von Ressourcen möglich und eine sehr späte Übergabe der Produktion an die eigene Transportlogistik praktikabel.

Logistik-Partner steigert Unternehmenserfolg

Aufgrund der umfassenden Leistungen ab Übernahme der Ware nach der Fertigung bis hin zur Auslieferung an die Kunden nimmt Pracht wesentlichen Einfluss auf Qualität und Kundenzufriedenheit sowie den Unternehmenserfolg von Siegenia-Aubi. Pracht ist somit ein wichtiger (Logistik-)Partner in der Wertschöpfungskette.

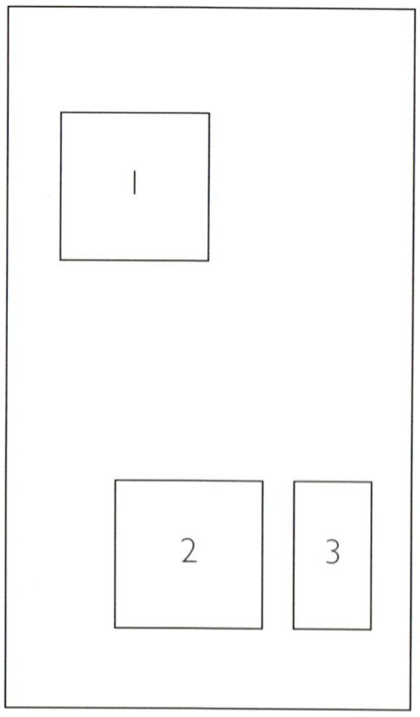

Hintergrund: Pracht-Standort Haiger
1: Siegenia-Aubi Hauptverwaltung
2: Siegenia-Aubi Systemsicherheit für mehr Widerstand am Fenster
3: Lüften mit System: Lösung für Fenster-, Wand- und Wintergartenlüftungen

Marktsegment Diskrete Fertigung

Mode und Textilindustrie

Markttrends

Steigender Anteil von Eigenmarken und Rückführung von Lizenzen

Forderung nach häufiger wechselnden Sortimenten mit steigender Qualität zu günstigeren Preisen am POS führt zu mehr Kollektionen und saisonalen Aktionen.

Reduzierung der Vororderumfänge durch den Handel zur flexibleren Anpassung an kurzfristige Modetrends als Reaktion auf Vertikalisierung

Logistische Trends

Zunehmende Einflussnahme auf vor und nach gelagerte Wertschöpfungsprozesse durch Einsatz von SCM-Systemen (Informationstechnische Vertikalisierung)

Erhöhte Zentralisierung der Distribution mit Errichtung großer Distributionszentren zur Bestandsoptimierung und Erhöhung der LUG

Steigende Nachfrage im B2C- und B2B-Geschäft

Dienstleistungen von Miebach Logistik

Integrierte Logistikstrategien, Standortanalysen, Beschaffungsstrategien und Definition von Serviceanforderungen

Technische Planung und Projektmanagement bis Inbetriebnahme des kompletten Materialflusses der Beschaffung, Lagerhaltung/Aufbereitung und Distribution bis zum POS

IT-Prozessplanung und Organisation mit Betreuung von Design, Realisierung und Installation durch standardisiertes Software-Qualitäts-Programm

»Kurzfristige Beschaffung und schlechter Informationsfluss zu den Zulieferern sind die großen Logistikprobleme in der Modeindustrie. Auch besteht ein klarer Trend zu einer Zentralisierung von Lägern und zu einer Dezentralisierung der Produktion.«
Andreas Hartwig

Bernhard Ohnesorge
Geschäftsführer
der Motex GmbH & Co. KG

Mode braucht gute Logistik

Mode ist eine Branche, die extrem abhängig ist von guter Logistik . Zweimal im Jahr gibt es eine neue Kollektion, die heutzutage in aller Welt hergestellt wird.

Die Aufgabe der Logistik besteht darin, die meist aus Übersee kommenden Textilien zu prüfen, zwischenzulagern, aufzubereiten und auf die Outlets zu kommissionieren. Danach werden die einzelnen Sendungen für die Outlets konsolidiert und der Versand muss dann zeitgerecht erfolgen, da in den Filialen kein Lagerraum mehr vorhanden ist.

Zu koordinieren ist der Versand der Saisonware noch mit Aktionswaren und Sonderangeboten. Dies alles muss das Motex-Logistikzentrum leisten. Dank guter Planung und schneller Realisierung ist Motex mit dem Versandlager in Hörselgau diesen Anforderungen in jeder Hinsicht gewachsen.

Das Textillogistikzentrum der Motex GmbH& Co. KG:

Schnittstelle zwischen Fashion und Handel

Als einer der führenden Spezialisten für Textillogistik bietet die Motex GmbH & Co. KG, Hörselgau/Thüringen, ihren Kunden Full-Service von der Beschaffung bis zur Distribution. Im neuen Textillogistikzentrum des Unternehmens sortieren 530 Mitarbeiter jährlich 55 Millionen Einzelteile, bereiten sie für den Verkauf vor, kommissionieren und versenden sie.

Miebach Logistik plante und realisierte diesen neuen Standort in nur 15 Monaten. Hierbei verkürzte der Informationsaustausch zwischen allen Projektbeteiligten über eine zentrale Mailbox den Planungs- und Bauprozess um sechs Wochen. Die Kosten blieben innerhalb des geplanten 140 Millionen-(DM)-Budgets.

Motex versteht sich als Schnittstelle zwischen Bekleidungsindustrie und Handel. Zu den wichtigsten Kunden gehört die stark expandierende Muttergesellschaft Adler Modemärkte GmbH. Motex wurde 1991 in Großostheim gegründet. 1998 siedelte das Unternehmen nach Hörselgau in Thüringen um. Das in Rekordzeit errichtete Logistikzentrum beliefert alle Motex-Kunden in Deutschland schnell und mit höch-

Hintergrund: Birgit Schrowange präsentiert Frühlingsmode zum Verlieben.

1: Liege-Hängewaren Auspackerei

2: Lots-Bearbeitung: Normalerweise enhält ein Karton genau ein Lot Liege-Liege-Ware. Die Motex-Dienstleistung ist das Etikettieren der Ware und die Verteilung auf die Filialen

3: Handbügelplatz

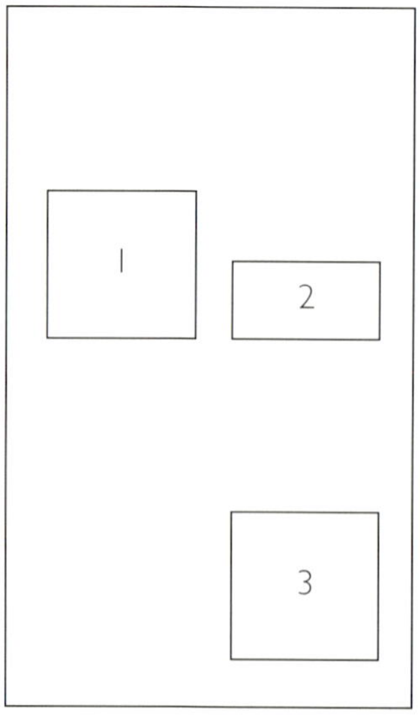

ster Zuverlässigkeit. Es bietet auf fünf Ebenen eine Arbeitsfläche von 155.000 Quadratmetern. Das entspricht etwa 25 Fußballfeldern. Jährlich durchläuft der Inhalt von 6.000 Wechselbrücken die acht Funktionsbereiche des Logistikzentrums: Wareneingang, Hochregallager, Bügelei und automatische Aufbereitung, Abhängelager, Auspackerei, Wareneingangspuffer und Warenausgang.

Hochregallager mit 5.000 Palettenplätzen

Motex teilt die eingehenden Textilien in drei Kategorien ein: Hänge-Hänge-Ware, Liege-Hänge-Ware und Liege-Liege- Ware. Jedes Produktsegment erfordert eine spezielle Abwicklung. Im Hochregallager mit 5.000 Palettenplätzen wird eingehende Liegeware zwischengelagert. Im Abhängelager lagern auf 36 Kilometern Hängestangen jene Hängewaren, die - wie etwa saisonspezifische Artikel - noch nicht ausgeliefert werden können oder sollen.

Motex bietet jedoch weit mehr als Lagerung und Distribution. Das Unternehmen bereitet die aus allen Teilen der Welt eintreffende Ware möglichst schnell und zuverlässig verkaufsfertig auf.

Dies beschränkt sich nicht allein auf Größensortierung und Qualitätsprüfung. Zum Beispiel bringt die Bügelei die angelieferten Textilien mit automatischen Finishern, Toppern, Puppen- und Handbügelplätzen kundengerecht in Form.

Eine komplexe Datenvernetzung gewährleistet, dass Motex und die Auftraggeber immer den jeweiligen Bearbeitungsstand kennen.

40.000 Trolleys

Im Motex-Textillogistikzentrum bewegen 40.000 via Transpondertechnik gesteuerte Trolleys die Hängeware. Insgesamt 87 Kilometer Hängefördertechnik verbinden die fünf Ebenen im 300 mal 120 Meter großen Gebäude. Eintreffende Artikelserien werden sofort ausgepackt und an Bügelei, Bearbeitung, Kommissionierbereich oder Abhängelager geroutet.

Hochleistungssorter mit 320 Abwurfbahnen

Hochleistungssorter stellen sicher, dass die auszuliefernde Ware nach der Aufbereitung für die einzelnen Filialen kommissioniert und auf filial- und programmreinen Trolleys zur Beladestation gebracht wird. Die Sorter verfügen über 320 Abwurfbahnen und haben einen Durchsatz von 8.000 Artikeln pro Stunde.

Tuning-Projekt trainiert Mitarbeiter

Im Rahmen eines Miebach Logistik-Tuning-Projekts trainierten die Mitarbeiter das optimale Prozessmanagement. Dies schloss auch die Prozesssteuerung mit ein. So gewährleistete Miebach bei Motex nicht nur einen optimalen Logistikprozess, sondern qualifizierte auch das Personal entsprechend den Anforderungen der neuen Logistik-Technologie.

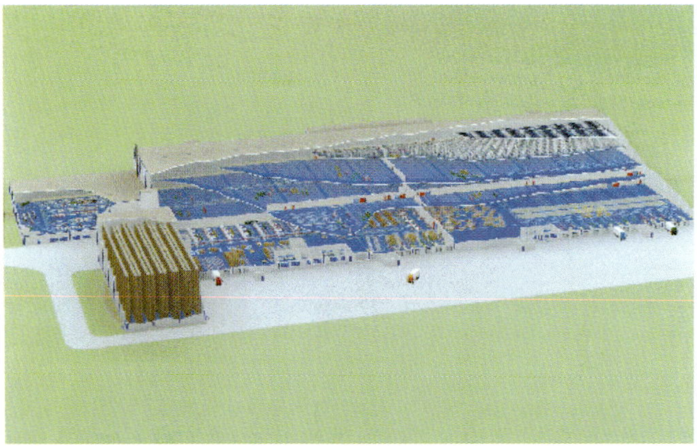

Das Motex Textil-Logistikzentrum in Hörselgau: Vorne links das Hochregallager, daneben der Wareneingang, dann der Warenausgang. Links hinten ist die Bügelei.

Hintergrund: Aufbereitung der Liege-Hängeware auf Puppen
1: Der Sorter kommissioniert die Hängeware auf die Filialen
2: Die Trolleys werden filialrein beladen
3: Der Hängewarenpuffer im Warenausgang

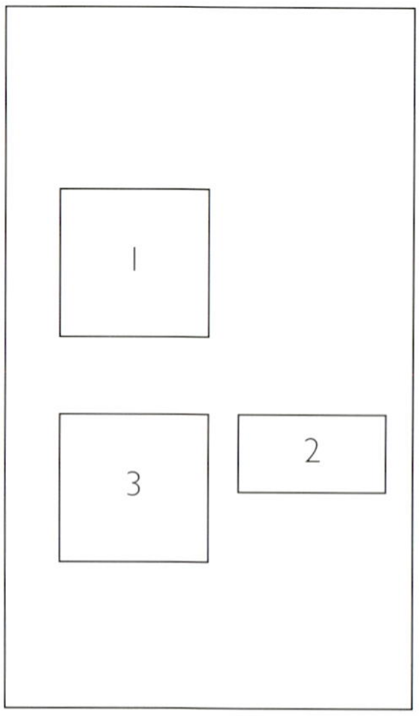

veit

Roland Allgeyer
Geschaftsführer
Peter Hahn GmbH

Logistik ist die Grundlage für unseren Service

Wir sind ein erfolgreicher Spezialversender im gehobenen Qualitäts- und Preissegment. Strenge Sortimentskriterien und Qualitätskontrollen garantieren das gleichbleibend hohe Niveau.

Erstklassige Markenhersteller und Ateliers fertigen ihre Modelle für PETER HAHN in hervorragenden Qualitäten. Hochwertige Verarbeitung und optimaler Tragekomfort sind die Merkmale unserer Damen- und Herren-Kollektion, die es in dieser Form nur noch selten gibt.

Jeder einzelne Kunde steht im Mittelpunkt unseres Handelns. Wir bieten einen Auswahl-Service für Versandkunden, bei dem der Kunde die Ware 14 Tage lang zuhause auswählen kann. Im Einzelhandel sind innerhalb von 24 Stunden kostenlos alle Artikel zu bestellen, die nicht in unseren Modehäusern vorhanden sind.

Auf Wunsch können alle Artikel binnen 24 Stunden nach Hause oder ins Modehaus geschickt werden.

Ich denke, es ist offensichtlich, dass ein solcher Service nur mit exzellenter Logistik funktioniert.

Modeversandhaus Peter Hahn GmbH
Wachstum bewältigen und Kosten senken

Logistik für ein Modehaus*

Das Modeversandhaus Peter Hahn im schwäbischen Winterbach vertreibt hochwertige Damen- und Herrenoberbekleidung. In den Jahren vor der Zentralisierung der Logistik in Winterbach war der Umsatz um das Sechsfache gewachsen. Dieses Wachstum bewältigen und gleichzeitig Versandkosten reduzieren sollte das von Miebach Logistik geplante und in der Implementierung betreute neue Logistikzentrum.

Technisches Higlight der Lösung ist eine spezielle Trolley-Förderanlage, die sowohl Hängeware als auch - in einem eigens konstruierten Transportbehälter - Liegeware fördern kann.

Lagersteuerung mit Barcode

Gesteuert wird diese Anlage über Zielsteuerbelege mit Barcode an den Trolleys. So verbindet sie vollautomatisch alle Funktionsbereiche des Lagers vom Wareneingang, der Retourenabteilung über die verschiedenen Lagerzonen wie Einlagerung, Kommissionierung und Auftragszusammenstellung, bis hin zum automatischen Sortierbahnhof und der Packerei.

Die Einzelplatzverwaltung in den Lagerbereichen ist chao-

* Der Artikel skizziert den Umbau der Logistik von Peter Hahn in den Jahren 1991 / 92. Selbstverständlich wurden seither Abläufe, Technik und DV weiterentwickelt. Die Angaben stellen daher nicht den heutigen Stand der Logistik von Peter Hahn dar.

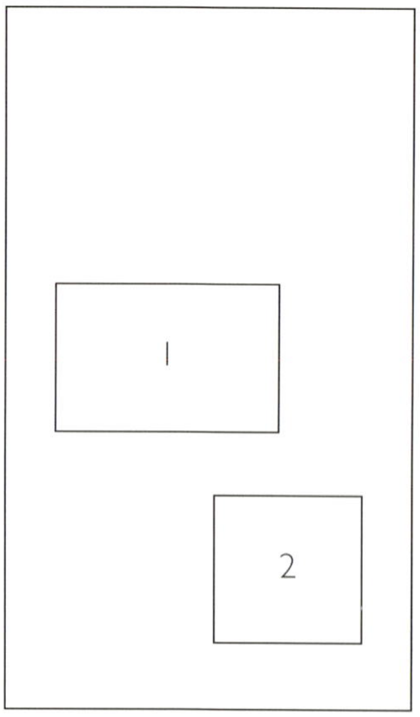

1: Das Peter-Hahn-Distributionszentrum aus der Luft
2: Blick ins Hängewarenlager

tisch-dynamisch, wobei die Lagerplatzvergabe waren- und mengenabhängig erfolgt. So wird eine Gleichverteilung bei der Zulagerung erreicht.

Auslagerung und Kommissionierung erfolgen zweistufig in parallelen Serien. Die Kommisionierung ist bereichsweise wegeoptimiert und die Kommissionieraufträge sind auf die Art und Kapazität der eingesetzten Transportbehälter abgestimmt.

Spezialisierte Lagerverwaltungssoftware

Das für dieses Versandzentrum neu beschaffte Lagerverwaltungssystem (LVS) ist in die bestehenden EDV-Systeme wie Fakturierung, Bestellwesen, Kundenkontokorrent, Filial- und Exportabwicklung integriert und stellt einen ständigen Warenfluss im Lager sicher.

Von der Warenanlieferung bis zur Verfügbarkeit im Lager vergeht nur ein halber Tag. So können 16.000 Sendungen am Tag im Zweischichtbetrieb ausgeliefert werden. Dabei verhindert das LVS, dass Aufträge und Rechnungen gesplittet werden müssen. Dies führte zu einer dauerhaften Kostensenkung.

Leistungssteigerung durch neue Technik und rationalisierte Abläufe

Insgesamt wurde durch den Einsatz der neuen Technik eine Leistungssteigerung von 70 Prozent erreicht. Mit einer Personalaufstockung von 30 Prozent ist Peter Hahn nun in der Lage, das doppelte Volumen abzuwickeln.

Investitionen aufgrund detaillierter Wirtschaftlichkeitsrechnung

Das von Miebach Logistik erarbeitete Konzept für die Zentralisierung der Logistik in Winterbach wurde durch eine Investitionsrechnung betriebswirtschaftlich abgesichert. Es konnte belegt werden, dass ein Neubau am Standort Winterbach wirtschaftlich rentabler ist als die beiden früheren Standorte und auch rentabler als die Anmietung einer neuen Immobilie. Dann wurde das 25-Millionen-Projekt in enger Zusammenarbeit zwischen Planern, Software- und Bauexperten in 16 Monaten realisiert.

Ein 15 Meter hohes Lagergebäude auf einer Grundfläche von 75 x 30 Metern mit einer viergeschossigen Bühnenanlage, 3.600 Quadratmeter Grundfläche, 22.000 Quadratmeter Nutzfläche für die Lagerung und Versandabwicklung von rund 280.000 Liegeteilen und 195.000 Stück Hängeware; das ist das Zahlengerüst zum neuen Versandzentrum. Hinzu kommt ein dreigeschossiger Neubau mit einer Grundfläche von 45 x 30 Metern für die Retourenbearbeitung, Auftragsssortierung und Packerei.

Zeitgewinn durch Zentralisierung und Automatisierung

Waren bei der Vorgängerlösung mit zwei Lagerstandorten Retouren erst 5 Tage nach Eingang wieder verfügbar, dauert es heute nur noch einen halben Tag, und die Auftragsdurchlaufzeit reduzierte sich von 5 bis 6 Tagen auf 24 Stunden.

Hintergrund: Über vier Etagen reicht die Bühnenanlage im Versandzentrum
1: Barcode-Etiketten steuern die Trolleys
2: Die Trolleys sind eine Spezialentwicklung für Hänge- und Liegeware.
3: Die eigens entwickelten Transportbehälter dienen zur Einlagerung und Kommissionierung von Liegeware.

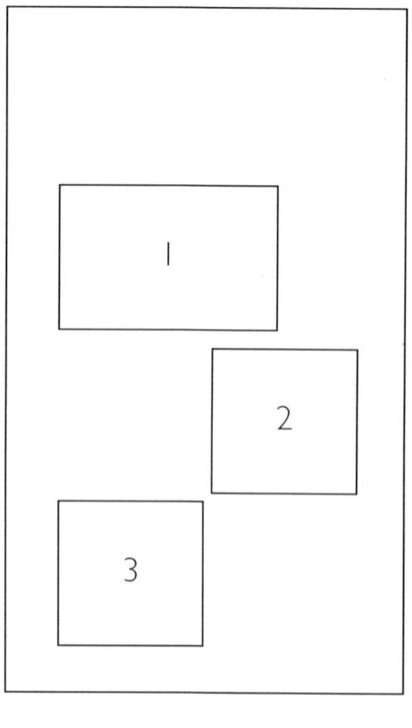

NORMALSERIE
HAENGEWARE EINPOESTIG
KOM-BEREICH: 17
KOM-SERIE: 80998
REC-SERIE VON: 1013650
REC-SERIE BIS: 1013650
ANZ.PICKZ: 30 20/09
ZIEL: AUSSCHL. EINPOST.
21
21

Diskrete Fertigung

Markttrends

Globalisierung der Absatz- und Beschaffungsmärkte

Logistikservice differenziert nachhaltig vom Wettbewerb und schafft Umsatzpotenziale.

Konzentration auf die eigenen Kernkompetenzen und Optimierungsbestrebungen führen häufig zu deutlich abnehmender Fertigungstiefe.

Kürzere Produktlebenszyklen und schnellere Lieferung werden vom Markt erwartet.

Logistische Trends

Internationale Absatz- und Beschaffungsmärkte erfordern anspruchsvolle Planungs- und Dispositionssysteme mit kurzen Reaktionszeiten.

Logistiknetzwerk- und Bestandsoptimierung ist aufgrund des globalen Wachstums und steigender Logistikservicebedeutung ein „Dauerthema" geworden.

Ein systematisches, erstklassiges Lieferantenmanagement wird aufgrund geringer Fertigungstiefe und „Global Sourcing" benötigt.

Steigender IT-Einsatz zur Optimierung der Logistikplanung, -steuerung und Servicesicherung

Dienstleistungen von Miebach Logistik

Logistik-Kosten-Audits

Lager-Audits

Outsourcingberatung

Transportoptimierung

Technische Planungen und Projektmanagement

Planung und Management von Ausschreibungen

Serviceniveauplanung und Distributionsoptimierung

Logistik-Netzwerk und -Prozessverbesserungen

Werksstrukturplanungen und Standortstrategien

Optimierung der Planungs- und Disposysteme

Einführung Lieferantenmanagementsysteme

Verbesserung der Arbeitsprozesse / Einsatzplanung / Entlohnung

»Die optimale Steuerung und Weiterentwicklung der über längere Zeiträume gewachsenen (oder integrierten) internationalen Standorte und Supply Chains stellt eine besondere Herausforderung dar, die nur durch erstklassige Strategien und Prozesse sicher gestellt werden kann.«
Andreas Hartwig

Günter Schmid
Vorstand Materialwirtschaft und Produktion der Fielmann AG und Geschäftsführer der Rathenower Optische Werke GmbH

Spitzenlogistik ist Element der Marktführerschaft

Die Marktführerschaft der Fielmann-Gruppe beruht auf der Kernaussage »Spitzenqualität zum günstigsten Preis«. Dies setzt auch die notwendige schnelle Lieferung der individuellen Kundenbrillen voraus.

Fielmann hat immer wieder verbraucherfreundliche Leistungen in der Branche eingeführt, die es vorher nicht gegeben hat. Mit unseren günstigen Preisen, der großen Auswahl, der Preis- und Qualitätsgarantie sowie dem überdurchschnittlichen Service unter Nutzung der kompetenten Fachberatung wurden wir zum Marktführer der deutschen Augenoptik.

Zur Sicherstellung dieser Position ist es notwendig, dass die Logistik ebenfalls einen Spitzenplatz innerhalb der Branche einzunehmen hat.

Fielmann Produktions- und Logistikzentrum Rathenow

Europas modernstes Brillenfertigungswerk

Nach 18-monatiger Planungs- und Bauzeit wurde Anfang Feburar 2002 im brandenburgischen Rathenow das 32 Millionen Euro teure Produktions- und Logistikzentrum (PULZ) der Tochtergesellschaft, der Rathenower Optische Werke GmbH (ROW), eröffnet.

Die ROW GmbH ist seit 1994 eine Konzerngesellschaft der Fielmann AG und beschäftigt am Standort Rathenow derzeit mehr als 600 Mitarbeiter. Im neuen Werk konzentriert die Fielmann AG auf 23.000 qm Nutzfläche die wesentliche Produktion und Logistik. Mehr als drei Millionen Gläser und fünf Millionen Fassungen jährlich werden an über 500 Niederlassungen europaweit sowie an mehr als 1.000 unabhängige Optiker versandt.

Die Fielmann AG ist mit einem Umsatz von 807 Mio. Euro (2002) und einem Marktanteil von ca. 43 Prozent aller in Deutschland getragenen Brillen Branchenführer; das Tochterunternehmen ROW GmbH ist die Nummer drei unter den deutschen Glasherstellern.

Mit dem PULZ sollte eine zentrale Schnittstelle zu den Niederlassungen geschaffen

Hintergrund: Brillenwand im PULZ
1: Das PULZ in Rathenow
2: Auftragsstart
3: Vakuumbedampfung der Gläser
4: Brillenmontage
5: Kontrolle

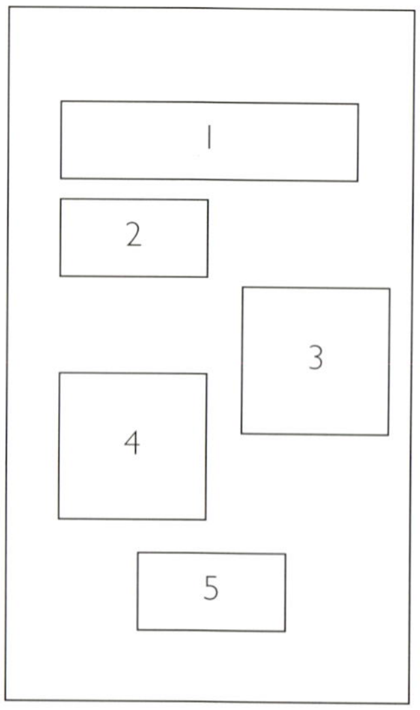

werden, um innerhalb von 24 Stunden kundenindividuelle Brillen ausliefern zu können.

Die gemeinsam mit Miebach Logistik entwickelte Konzeptidee bestand aus drei Lösungselementen. Erstens sollte es einen teilautomatisierten Auftragsstartbereich geben, in dem bis zu 20.000 Gläser und 10.000 Fassungen täglich auftragsbezogen zusammengeführt werden können.

Zweitens sollte für ein Kernsortiment an Fassungen die Auftragsdurchlaufzeit so verkürzt werden, dass den Kunden in den Niederlassungen ein 24-Stunden-Service angeboten werden kann.

Drittens sollte ein zweistufiges technikunterstütztes Sortiersystem in der ersten Ausbaustufe die Feinsortierung auf bis zu 600 Niederlassungen ermöglichen. Eine sukzessive Erweiterung dieses Systems mußte gegeben sein.

Die Produktion im PULZ

Werden Fassung und Gläser zusammen aus der Niederlassung übersandt, kann der Montageauftrag sofort gestartet werden. In allen anderen Fällen wird geprüft, ob Gläser und Fassung bereitstehen.

Der Auftrag beginnt damit, dass Gläser und Jobticket in einen Auftragsbehälter gelegt werden. Dieser ist mit einem Barcode gekennzeinet, der nun mit der Auftragsnummer verheiratet wird. Der Materialflussrechner, der die drei HOST-Rechner für Glasfertigung, Brillenfertigung und Fassungslager mit der unterlagerten Steuerung verbindet, führt nun den Behälter zu der entsprechenden Fassung - entweder im Bereich mit den Fassungen aus den Niederlassungen oder in den Kommissionierbereich mit den Fassungen aus dem im PULZ vorrätigen Kernsortiment. Durch »pick-by-light« sind in diesem Bereich 900 Picks pro Stunde möglich, eine wesentliche Voraussetzung für den 24 Stunden Service.

Nun werden die Gläser geschliffen und die Brille am Montageplatz montiert. Dann findet die Endkontrolle statt und der Behälter fährt zur Versandvorsortierung. So werden täglich 10.000 Brillen montiert, davon 1.500 für den 24-Stunden-Service.

Die Versandorganisation

In der ersten Sortierstufe werden die Brillen dem Transportbehälter entnommen und in den Versandbehälter für die entsprechende Versandzielgruppe gelegt.
Die Niederlassungen sind Zielgruppen zugeordnet und über eine Sorter werden jetzt die vollen Versandbehälter zur zweiten Sortierstufe geführt. So sammeln sich an jedem Ausschleuser die Versandbehälter für die jeweilige Versandzielgruppe. Bei der Feinverteilung auf die Niederlassungen scannt der Mitarbeiter jeden einzelnen Auftrag und erhält über ein »Sort-To-Light«-System den richtigen Versandkarton angezeigt.

Volle Kartons werden automatisch verschlossen, etikettiert und zum Warenausgang transportiert. Dieses Versandverfahren ermöglicht eine Versandzuführung von produzierten Waren bis eine Stunde vor Abholung.

Hintergrund und 1: Das Glaslager im PULZ
2: Fassungskommissionierung »pick-by-light«
3: Versandsortierung »sort-to-light«

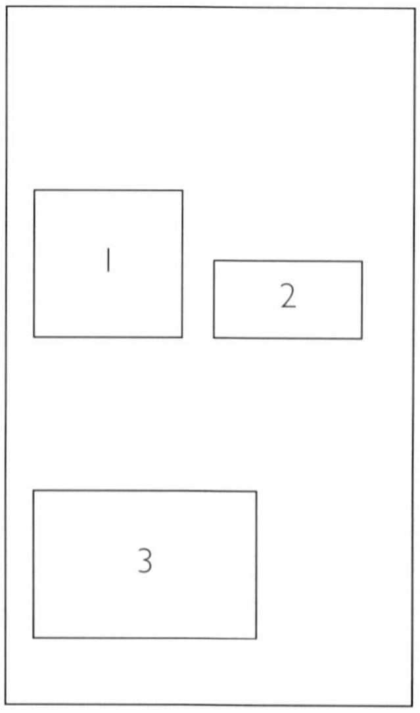

42
RESERVE
02
01

Marktsegment Prozessindustrie und zugehörige Distribution

Konsumgüterindustrie

Markttrends

Verbesserung des Kundenservice

Wachsende Anzahl von Produkten und Dienstleistungen, mehr Informationen über Artikel, Preise, Zahlungsbedingungen und neue Lieferformen (Door-to-Door, Smart Shopping)

Discounter

Lückenlose Rückverfolgung von Nahrungsmitteln bis zum Erzeuger wird zur Pflicht.

Logistiktrends

Integration der Logistikkette zwischen Zulieferer und Einzelhändler (EDI, Cross Docking)

Schnelle Reaktionsfähigkeit auf sich verändernde Strukturen sowohl in Richtung Inbound als auch in Richtung Outbound

Effiziente Steuerung von Beständen durch intelligentes Inventory Management

Miebach Logistik Dienstleistungen

Strategieplanung für Distributionsstrukturen (Beschaffung, Standorte, Transport, Kundenservice)

Audits zur Identifizierung von Verbesserungspotenzialen in der Supply Chain (Prozesse, Netzwerke, EDV, Know-how)

Materialflusstechnik

Informationstechnologie

Projektmanagement, Change-Management, Unterstützung der Inbetriebnahme bis zur vollen Leistungsfähigkeit

»Eine klare Supply Chain-Strategie mit Festlegung von Distributionskanälen, definierten Serviceangeboten und Lieferbedingungen ist der Erfolgsfaktor für Unternehmen im FMCG-Bereich. Wesentliche Kostenreduktionen können nur durch eine enge Zusammenarbeit zwischen Zulieferer und Händler erreicht werden.«

Hardy Eimke, 2003

Juan José López-Estévez
Presidente del Directorio
Santa Isabel S.A.

Das neue Distributionszentrum bringt viele Vorteile

»Alles in allem bringt das neue Distributionszentrum viele Vorteile für unsere Gesellschaft, unsere Kunden und Lieferanten. Wir haben nun ständige Vorräte in verschiedenen Temperaturzonen, eine optimierte Logistikkette vom Hersteller zum Supermarkt, vereinfachte Warenannahmeprozesse, eine Verringerung der Kosten und eine verbesserte Tourenplanung zu den Supermärkten, die die Zahl der Lieferfahrten reduziert hat.«
(Geschäftsbericht 2001)

Ein Distributionszentrum für Chiles Supermärkte

Schnell, frisch, sparsam und zuverlässig

Die Supermarktkette Santa Isabel verfügte 2001 in Chile über 76 Filialen mit fast 100.000 Quadratmetern Verkaufsfläche. Alle Supermärkte wurden bis ins Jahr 2000 direkt beliefert, dann griff die neue Distributionsstruktur, die zusammen mit Miebach Logistica Buenos Aires geplant wurde. Im Mittelpunkt dieser neuen Struktur steht ein Distributionszentrum in Noviciado in der Region Metropolitana.

Die Santa Isabel S.A. ist ein Teil der Disco-Ahold-Gruppe und wollte in Chile ihre Position als Marktführer festigen, indem sie die Verkaufskapazität steigert und das Service-Niveau in den Supermärkten weiter verbessert. Dazu musste aber die gesamte Logistik-Kette vom Erzeuger zum Regal im Laden optimiert werden.

Nach der Auftragserteilung 1998 an Miebach Logistica haben Santa Isabel und die Miebach-Berater gemeinsam die neue Logistik-Strategie mit folgenden Schwerpunkten festgelegt:

- Zentralisierung der Fast Moving Consumer Goods in einem neuen Distributionszentrum. Dies sollte sowohl Frischware als auch

1: Luftaufnahme des neuen Distributionszentrums
2: Die Verladetore der Cross-Docking-Halle für Frischwaren
3: Blick aufs Frischwarensortiment

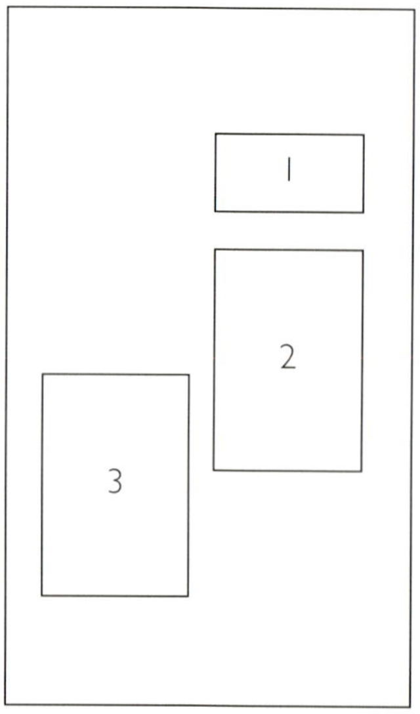

SANTA ISABEL S.A.

das Trockensortiment betreffen.

- In diesem Distributionszentrum sollte vorwiegend konventionelle Technik zum Einsatz kommen. So hat man sich größmögliche Flexibilität erhalten und gleichzeitig die Investitionen in Materialflusstechnik im vertretbaren Rahmen gehalten.
- Einsatz moderner EDV-Technik zur Beschleunigung aller Prozesse
- Tägliche Belieferung aller Supermärkte aus dem neuen Distributionszentrum
- Umbau der Ladenlokale, um die Verkaufsfläche zu vergrößern. Durch die tägliche Belieferung konnten die Besände und damit die Lagerflächen in den Ladenlokalen reduziert werden.

Auf der Basis dieser Strategie konnten nun der Standort und der optimale Technisierungsgrad festgelegt werden.

Kommissionierung des Trockensortiments' richtet sich nach Durchsatz

Die Produkte des Trockensortiments wurden drei, nach Durchsatz gestaffelten Segmenten zugeordnet. Schnelldreher werden palettenweise an die Supermärkte ausgeliefert, Mittel- und Langsamdreher werden im Hochregallager in Kartons beziehungsweise einzelnen Einheiten kommissioniert.

Die Einlagerung in dem Breitganglager erfolgt mit Hubmaststaplern auf allen fünf Ebenen, die unterste Ebene ist die Kommissionierebene, die von den Kommissionierern mit ihren Fahrzeugen abgefahren wird. Die Stapler haben verlängerte Gabeln, so dass sie zwei Paletten oder vier Rollcontainer fassen können.

Die Fläche für das Trockensortiment umfasst 27.000 Quadratmeter in einem elf Meter hohen Gebäude mit 25.000 Palettenplätzen.

Frischware wird per Cross-Docking kommissioniert

Frische Ware wie Obst, Gemüse, Fleisch, Fisch, Milchprodukte und Tiefkühlware werden in einem 10.000 Quadratmeter großen Gebäude in temperierten Zonen umgeschlagen.

Das Cross-Docking-Verfahren ermöglicht die tägliche Belieferung der Supermärkte mit frischer Ware und vermeidet gleichzeitig Lagerbestände.

Hintergrund: Blick in die Lagerhalle für das Trockensortiment
1: Breitganglager mit 5-stöckigen Lagerregalen
2: Einlagerung mit Hubmaststapler
3: Nur aus der ersten Ebene wird kommissioniert
4: Gabelstapler im Außenbereich

Lagerverwaltung »online« mit Datenfunk

Alle Flurförderzeuge im Distributionszentrum sind mit Datenfunk ausgestattet und an ein eigens für Santa Isabel entwickeltes Lagerverwaltungssystem angeschlossen. Ebenfalls integriert in die neue Software ist eine Funktionalität, die es ermöglicht, die Transporte zu den Verkaufsstellen zu optimieren.

Auch wurde ein automatisches Replenishment-System in die Logistik-Software integriert, das selbständig die Bestände in den Verkaufsregalen kontrolliert und Bestellungen auslöst.

Seit August 2000 ist das neue Distributionszentrum aktiv und hat alle Erwartungen an die Optimierung der Logistikkette erfüllt.

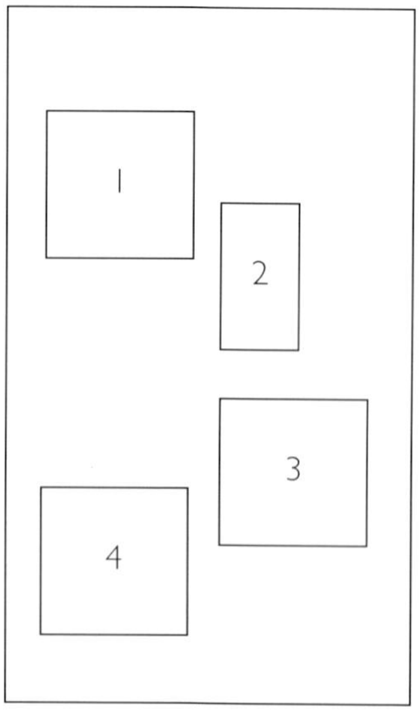

TOYOTA

Disco Supermärkte

Mit Logistik an die Spitze

Die 90er Jahre waren für die Supermärkte in Argentinien gute Jahre. Anhaltendes Wachstum in allen Bereichen und eine offensichtlich solide Finanzsituation förderten die Geschäfte großer Unternehmen zum Nachteil traditioneller kleinerer Geschäfte mit weniger Umsatz und Barzahlung als einziger Zahlungsmöglichkeit. Die Verbraucher wandten sich schnell dem One-Stop-Shopping in großen Supermärkten zu, angelockt durch niedrige Preise und die Möglichkeit mit Scheck oder Kreditkarte zu bezahlen.

Expansion ohne Blick für die internen Strukturen

Lokale Supermarktketten wie Disco nutzten diesen Vorteil und dehnten ihr Netz so schnell sie konnten über ganz Buenos Aires aus, wobei sie immer höhere Umsätzen anstrebten.

Wie zu erwarten war, stiegen auch die Kosten sehr schnell. Investitionen wurden generell nur vorgenommen, um neue Outlets zu eröffnen; wenig Aufmerksamkeit wurde der Logistik und der IT gewidmet.

Der Wettbewerb als Lehrmeister

Als internationale Ketten auf den argentinischen Markt kamen, merkten die lokalen Unternehmen schnell, dass diese neuen Wettbewerber ihre Kosten besser im Griff hatten. Der Grund war eine bessere Logistik, solide Prozesse und eine ausgereifte IT. Finanzmanagement und Logistik waren - und sind heute noch - die grundlegenden Kernkompetenzen von Supermarktketten in der Weltspitze. Mit dieser Erkenntnis im Hinterkopf beschloss Disco, Logistik und IT-Strategie mit Hilfe von Miebach Logistik für die Zukunft neu auszurichten.

Entscheidung für eine zukunftssichere Logistik

Die Entscheidung, die Logistik regional zu zentralisieren fiel wenige Wochen vor dem Verkauf des Unternehmens an die niederländische Royal Ahold-Gruppe. Die neuen Eigentümer waren mit der von Miebach Logistik entwickelten Strategie einverstanden. Drei regionale Distributionszentren sollten den optimalen Service bei gleichzeitig optimaler Kostenstruktur in den drei Regionen mit der höchsten Konzentration an Disco Märkten bieten: Buenos Aires, Córdoba und Mendoza. Alle drei Distributionszentren - zusammen mehr als 90.000 Quadratmeter Lagerfläche - wurden nach den Spezifikationen geplant und gebaut, auf die sich Miebach Logistik und Royal Ahold geeinigt hatten. Regionale Konsumgewohnheiten fanden jedoch in Planung und Bau Berücksichtigung.

Hintergrund: Blick in einen Disco-Supermarkt
1: Blick auf die Büros des neuen Distributionszentrums
2: Auch die Transporte wurden im Rahmen des Projektes optimiert

Zentrale Anlieferung und koordinierte Distribution

Hunderte von Lieferanten liefern nun komplette Lkw-Ladungen an diese drei Distributionszentren. Das geht von frischen Molkereiprodukten über Obst und Gemüse bis zum Trockensortiment, ja sogar Bekleidung wird hier angeliefert. Die Distributionszentren ihrerseits liefern nun komplette Lkw-Ladungen verschiedenster Produkte an über 100 Supermärkte in ganz Argentinien. Komplette Lkw-Ladungen bedeuten natürlich geringere Transportkosten und eine dramatische Reduktion des Verkehrs zu den Supermärkten.

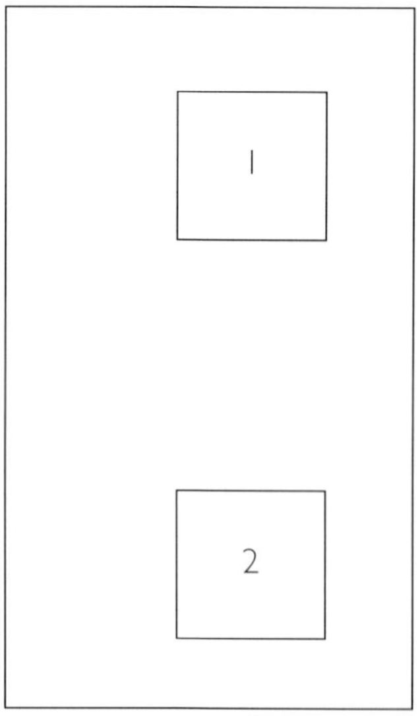

CENTRO DE DISTRIBUCIÓN
FRITZ AHLQVIST

Kein Nachbar eines Supermarktes muss sich mehr Sorgen machen über Dutzende von Lkw, die allmorgendlich Schlange stehen.

Ein revolutionäres Lagerverwaltungssystem

Um die Effizienz der internen Abläufe in den Distributionszentren zu garantieren, wurde ein revolutionäres Java-basiertes Lagerverwaltungssystem entwickelt, das alle Aktivitäten der drei Distributionszentren abdeckt. Zusätzlich zu den Standard-Abläufen der Lagerverwaltung berücksichtigt dieses System die verschiedensten Sonderabläufe in den Bereichen mit leicht verderblicher Ware, in den Weiterverarbeitungsfunktionen, bei der Bekleidung sowie bei den Retouren, um nur einige Beispiele zu nennen.

Automatische Bestellmengenoptimierung

Für die Beschaffung hat Miebach Logistik Spezifikationen entwickelt, die automatisch die optimale Bestellmengen und den optimalen Zeitpunkt für Tausende Artikel im Lager ermitteln. Das System optimiert gleichzeitig die Lagerbestände, die Logistikkosten und die Einkaufskosten in Abhängigkeit von der Nachfrage und saisonalen Schwankungen.

Service für die Supermärkte: automatisches Replenishment

Für die Belieferung der Supermärkte wurde ein automatisches Replenishment System entwickelt, um so die hundertprozentige Verfügbarkeit aller Waren in den Geschäften sicher zu stellen, wobei zugleich die Bestandskosten in den Märkten optimiert wurden. Auf der Basis von Abverkaufsdaten, die direkt an Registrierkassen erfasst werden, operativen und statistischen Informationen stellt dieses System sicher, dass die Bestellungen genau das enthalten, was der jeweilige Supermarkt an Nachschub benötigt.

Täglich frisches Fleisch

Kurz nach der Fertigstellung des Distributionszentrums in Buenos Aires beschloss Disco auch die Fleischproduktion zu zentralisieren. Auch dieses Konzept brachte neben Einsparungen zusätzliche Qualitätsverbesserungen. Die Fleischfabrik verarbeitet bis zu 2.600 Schweine- oder Rinderhälften täglich unter strengster Einhaltung der Hygienevorschriften. Das Fleisch wird dann bedarfsgerecht auf »ready to use trays« in die Supermärkte geliefert, so dass keine weitere Verarbeitung mehr notwendig ist.

Zur Qualitätssicherung dient ein ausgefeiltes Tracking-System, das jedes Stück Fleisch einer Einkaufscharge zuordnet. Alle Sendungen werden gewogen, etikettiert und täglich an die Supermärkte ausgeliefert. Sogar Abfall wie Knochen und Fett wird mit diesem System kontrolliert und recycelt. Größere Supermärkte haben natürlich ihre Fleischer vor Ort behalten, um spezielle Kundenwünsche zu erfüllen. Service hat Priorität.

Die nächsten Projekte

Zukünftige Projekte sind eine zentrale Bäckerei, die Anbindung strategisch wichtiger Lieferanten und die Ausweitung des B-2-C e-Business.

Hintergrund: Die drei Logistikzentren liegen in Buenos Aires, Córdoba und Mendoza.
1: Das Hochregallager für das Trockensortiment
2: Blick in die Fleischverarbeitung

Regionale Distributionszentren bringen Vorteile in der Fläche

Obwohl Disco nicht die erste Supermarktkette in Argentinien war, die ihre Logistik zentralisierte, kann das Unternehmen doch mit Sicherheit behaupten, dass die Distributionszentren einen deutlichen Wettbewerbsvorsprung darstellen.

Die Vorteile der regionalen Struktur zeigen sich besonders außerhalb von Buenos Aires, wo die anderen Wettbewerber sehr schwach sind. Das Wachstum in Buenos Aires selbst hat sich in den letzten Jahren verlangsamt, aber Disco ist dennoch in der Lage, in andere Regionen zu expandieren, weil die Logistik- und IT-Struktur einen erheblichen Wettbewerbsvorteil darstellt.

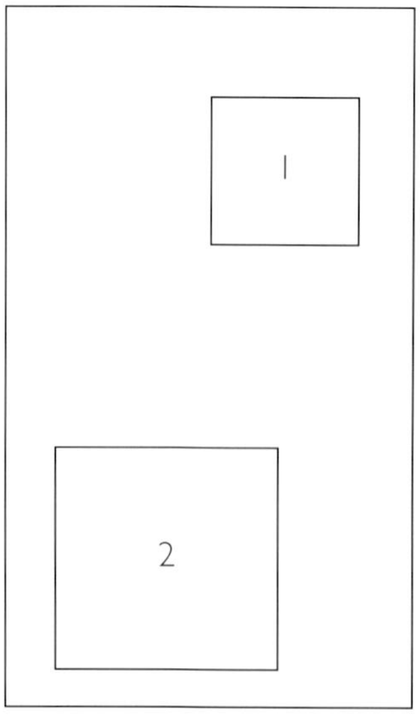

DISCO
PASILLO
34
35

Die Feldschlösschen Getränke AG

Moderne Logistik für ein traditionsreiches Produkt

Dipl.-Ing. ETH Thomas Stalder
Mitglied der Geschäftsleitung und Leiter Logistik der Feldschlösschen Getränke AG

Traditionsreiches Produkt und modernste Logistik - passt das zusammen?

Wir bei der Feldschlösschen Getränke AG sehen uns in der Logistik vor die Herausforderung gestellt, in einem internationalen Getränkekonzern täglich unsere Leistungsfähigkeit unter Beweis stellen und uns an unseren Kollegen weltweit messen lassen zu müssen.

In diesem spannenden Umfeld ist eine ständige Weiterentwicklung und Optimierung der Logistik ein Muss. Wir sehen uns unseren Kunden gegenüber in der Pflicht, zuverlässig und pünktlich unsere Produkte zur Verfügung zu stellen.

Und schließlich ist unsere Logistik auch ein Teil unserer Kernkompetenz, mit der wir uns im Wettbewerb differenzieren können und müssen.

Die Feldschlösschen Getränke AG mit Hauptsitz in Rheinfelden im Kanton Aargau ist der grösste Getränkeproduzent und gleichzeitig das grösste Getränkehandelsunternehmen der Schweiz mit einem reichhaltigen Angebot an Bieren, Mineralwassern und Süsswassern, sogenannten Softdrinks.

Feldschlösschen umfasst gesamtschweizerisch sieben Produktionsstätten und 20 Getränkeverteilzentren. Die Feldschlösschen Getränke AG ist eine Tochtergesellschaft der dänischen Carlsberg Breweries. Das Stammhaus der Gruppe, die Brauerei Feldschlösschen in Rheinfelden, feierte im Jahr 2001 sein 125-jähriges Bestehen.

Bekannt ist Feldschlösschen wegen seiner besonderen Architektur: Die grosse Produktionsstätte ist in Schlossform erbaut. Das historische Sudhaus wurde von August Bush, Chef von Anheuser-Bush, der weltweit grössten Brauerei mit Sitz in den USA, als "schönstes Sudhaus der Welt" bezeichnet.

Logistik als Kernkompetenz

Die Notwendigkeit einer effizienten und kundenorientierten Logistik für Feldschlöss-

1: Das »schönste Sudhaus der Welt«

2: Der Feldschlösschen-Sechsspänner

FELDSCHLÖSSCHEN

chen ergibt sich aus vielerlei Gründen. Da sind zum einen die speziellen Anforderungen im Lebensmittelbereich wie Mindesthaltbarkeit oder Chargenverfolgung, die auf die Logistik durchschlagen.

Dann ist Feldschlösschen auch führender Markenartikelhersteller und verlässlicher Partner der großen Lebensmittel-Handelsketten in der Schweiz, woraus sich besondere Prozessanforderungen ergeben wie Available to Promise, EAN 128 oder Despatch Advices.

Und da ist nicht zuletzt der Aspekt, dass Feldschlösschen als größtes Getränkehandelsunternehmen die Logistik von der Produktion bis in die Gastronomie oder in den Einzelhandel als Kernkompetenz versteht, die es im Sinne der Kunden und des Unternehmenserfolges ständig weiterzuentwickeln gilt.

Optimierung der Supply Chain

Um diesen Anforderungen Rechnung zu tragen, hat Feldschlösschen vor 2 Jahren entschieden, die gesamte Supply Chain grundlegend zu überdenken und langfristig zu optimieren. Diese Optimierung umfasst alle Bereiche, angefangen von der Beschaffung und Absatzplanung über die Sortimentsstraffung, den Sortimentsumfang, das gesamte Getränkeverteilnetz, die eingesetzte Technik und die Prozesse in Lager und Auslieferung bis hin zur kritischen Überprüfung des Serviceangebotes und der Flottenstruktur der Auslieferfahrzeuge.

Integriertes Distributionszentrum am Stammsitz

Eine wesentliche Maßnahme war der Ausbau der Logistik am Sitz des Stammhauses in Rheinfelden zu einem integrierten Distributionszentrum.

Die bisherige Distributionsfunktion der Produktion wurde mit der Versorgungsfunktion für Einzelhandels-Outlets, Hotels und Gastronomie und private Endkunden zusammengelegt.

Dazu wurde die bestehende logistischen Infrastruktur erweitert, um die Voraussetzungen zu schaffen, den Durchsatz nahezu zu verdoppeln und gleichzeitig eine leistungsfähige und moderne Detailkommissionierung mit Leergutsortierung aufzubauen. Das erweiterte Distributionszentrum zeichnet sich vor allen aus durch:

- eine vollständige Integration der Bahn als moderner, kostengünstiger, ökologisch sinnvoller und leistungsfähiger Partner
- modernste Prozessgestaltung und Unterstützung im Lager durch Datenfunkeinsatz und Scannertechnologie
- eine intelligente Verknüpfung von Technikunterstützung mit manuellen Prozessen für eine größtmögliche Flexibilität
- eine moderne, flexible und effiziente Leergutsortierung.

Optimierung mit externer Beratung

Im Zuge dieser Optimierung hat Miebach Logistik die Strategieentwicklung und Gestaltung des gesamten Distributionsnetzwerkes, die technische Konzept- und Detailplanung sowie die detaillierte Prozessgestaltung im erweiterten Distributionszentrum ebenso unterstützt wie deren Umsetzung in die notwendigen IT-Systeme.

Die Feldschlössen Getänke AG hat, so Mitglied der Geschäftsleitung und Leiter Logistik Thomas Stalder, vor allen Dingen die kompetente Begleitung von der Strategie-Formulierung bis zur Realisierung schätzen gelernt. Sie fand nicht zuletzt Ausdruck in einer sehr engen, partnerschaftlichen Zusammenarbeit mit personeller Kontinuität auf beiden Seiten.

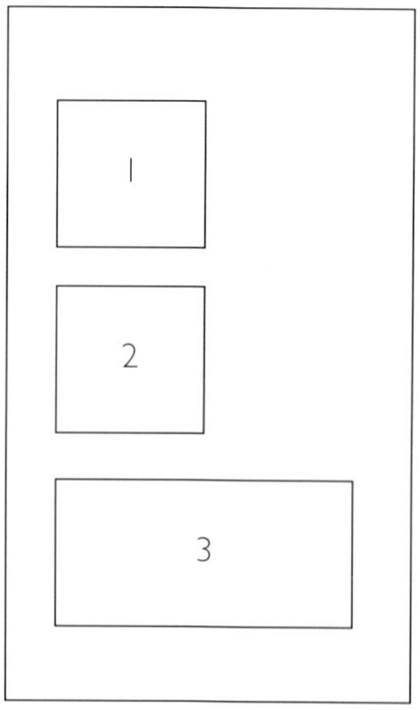

Hintergrund: Blick ins Sudhaus
1: Luftaufnahme des neuen Distributionszentrums
2: Detailkommissionierung
3: Modell des Feldschlösschen-Firmengeländes in Rheinfelden

FELDSCHLÖSSCHEN

BRAUEREI
FELDSCHLÖSSCHEN

Marktsegment Prozessindustrie und zugehörige Distribution

Pharma und Chemie

Markttrends Chemie

Steigende Komplexität durch hohe Anzahl von Produktinnovationen

Konzentration aus Kooperationen und Akquisitionen

Verlagerung von Produktionsstandorten nach Fernost

Markttrends Pharma

Kostendruck im Gesundheitswesen

Trend zu Generika und Internet-Apotheken

Logistiktrends Chemie

Integration und Steuerung globaler Wertschöpfungsketten

Weiter zunehmende Regulierungsmaßnahmen der EU veranlassen viele Chemieunternehmen Kostenvorteile durch die Produktionsverlagerung nach China anzustreben.

Unternehmensübergreifende Zusammenarbeit im Supply Chain Management

Logistiktrends Pharma

Reduzierung der Transportkanäle und Erweiterung der Direktbelieferung an den Endkunden (Mail Order)

Logistikplanung unter Berücksichtigung der gesetzlichen Vorschriften "Pharma" (Validierung, Qualifizierung, durchgängige Chargenverfolgung)

Miebach Logistik Dienstleistungen

Strategie und Standortanalyse für nationale und internationale Distributionssysteme mit Fokus auf die Belieferung

Prozesskostenrechnung als Grundlage für Prozessoptimierung

Planung und Aufbau von Pharmaproduktionen, einschließlich Materialflusstechnik und IT, Planung und Aufbau von komplexen Distributionssystemen mit Null-Fehler-Kommissioniertechnik

»Die verschärften Vorschriften der EU, die sowohl in der pharmazeutischen als auch in der chemischen Industrie wirken, erzeugen weiterhin erheblichen Kostendruck auf die einzelnen Unternehmen und verstärken damit den Sog in günstigere Produktionsländer, insbesondere nach China.«
Hardy Eimke, 2003

ESTEVE - kraftvoller Marktführer im Familienbesitz

Esteve ist im Bereich der chemisch-pharmazeutischen Industrie Marktführer in Spanien. Die Ursprünge gehen auf das Jahr 1929 zurück, als der Firmengründer Dr. Antonio Esteve in seinem Geburtsort Manresa eine Apotheke übernahm. Heute macht das Familienunternehmen mit 2.200 Mitarbeitern einen Jahresumsatz von 713 Millionen Euro, von denen 538 auf Medikamente entfallen und 175 auf parmazeutische Grundstoffe.

Esteve hat schon von Anfang an auf eigene Forschung und Entwicklung gesetzt; heute investiert die Gruppe jährlich 34 Millionen Euro (2002) in Forschung und Entwicklung und beschäftigt 240 Mitarbeiter in diesem Sektor.

Die ursprünglich rein spanische Gesellschaft ist seit 1981 Marktführer in Spanien und darüber hinaus auch international enorm gewachsen. Sie verfügt heute über Produktionsstätten in Portugal, Mexiko und China; erhältlich sind Esteve-Produkte in über 100 Ländern auf allen fünf Kontinenten.

Die Aktivitäten von Esteve reichen von der Entwicklung und Markteinführung neuer Medikamente bis zu Produktion und Vertrieb von pharmazeutischen Spezialitäten in einer der modernsten Produktionsanlagen Europas. Esteve bietet ein breites Produktspektrum an: verschreibungspflichtige Medikamente, OTCs, Generika, Spezialpackungen für den Gebrauch in Krankenhäusern, Impfstoffe, Produkte für die Tiermedizin und pharmazeutische Grundstoffe.

Die wichtigsten Betriebe der Gruppe sind

- Laboratorios del Dr. Esteve S.A., die Forschungs- und Entwicklungslabors der Gruppe. Dazu zählen ein Forschungszentrum in Barcelona und eine Produktionsanlage in Martorelles, etwa 20 Kilometer nördlich von Barcelona, wo nach den Vorschriften der amerikanischen Food and Drug Administration (FDA) produziert wird.
- Esteve Quimica S.A., eine Produktionsgesellschaft für pharmazeutische Wirkstoffe, die auch mit der Entwicklung neuer Produktionsprozesse beauftragt ist. Ihre Produktionsstätten liegen in Spanien, Mexiko und China und sind auch alle nach den FDA-Vorschriften geprüft.
- Laboratorios ISDIN, ein

Dr. Antonio Esteve, der 1936 die Laboratorios Esteve gründete, wäre am 11. Februar 2003 hundert Jahre alt geworden.

Hintergrund: Pharmazeutische Produkte aus dem Sortiment von ESTEVE
1: Das Esteve-Werk in Martorelles bei Barcelona
2: Laborantin im Forschungslabor.
3: Produktion unter Reinraumbedingungen

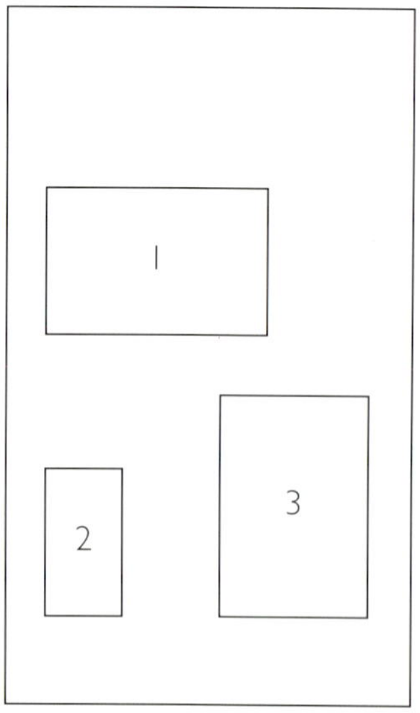

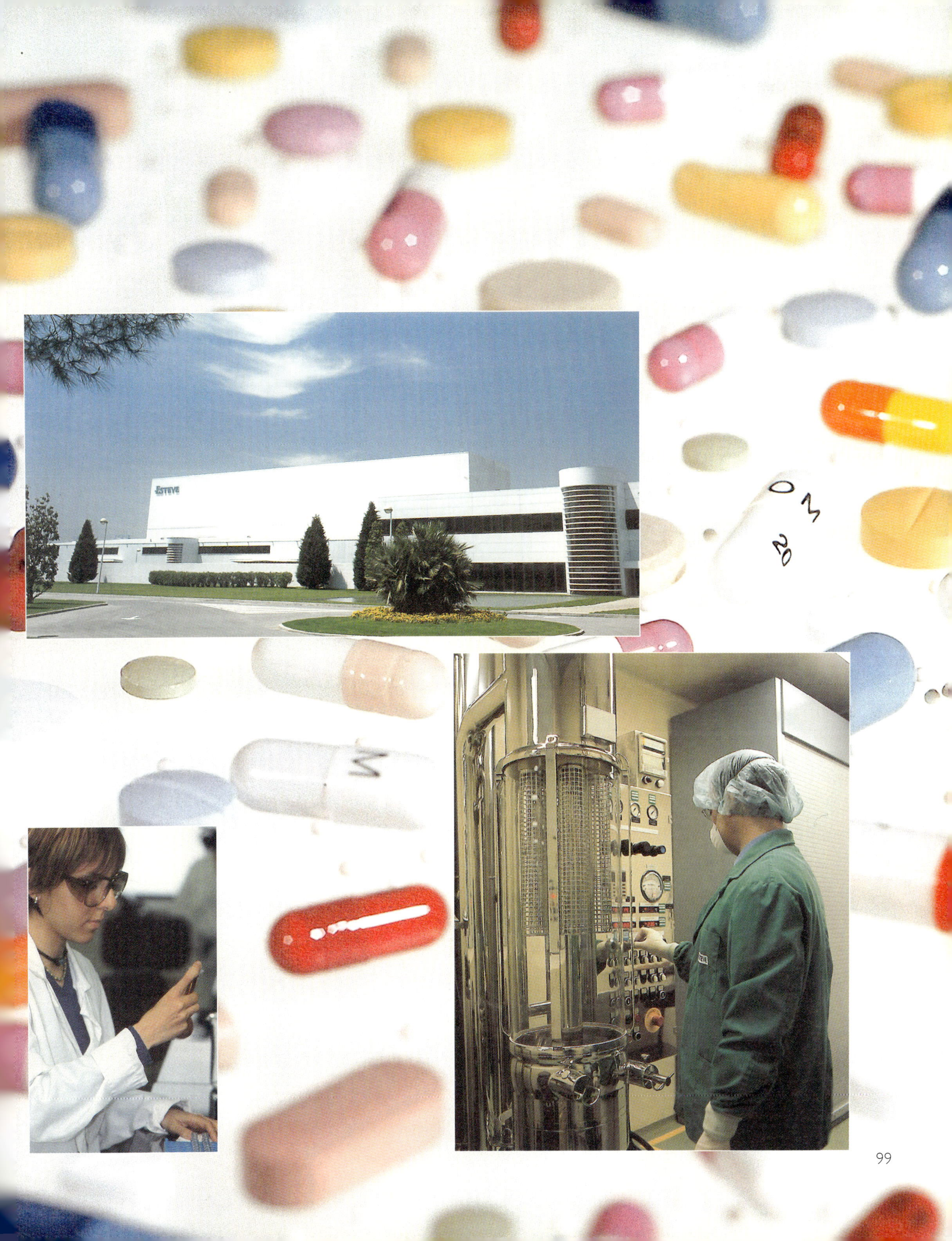
ESTEVE

50-Prozent-Joint-Venture mit der Antonio Puig S.A. für die Forschng, die Markteinführung und den Vertrieb von dermatologischen, gynäkologischen und kosmetisch-pharmazeutischen Spezialitäten.

Die Produktionsanlage in Martorelles - eine der modernsten in Europa

Das 1992 in Betrieb genommene Werk produziert weitestgehend automatisch und computerüberwacht. Beim Design der Logistik-Prozesse wurde darauf geachtet, dass die einzelnen Bereiche streng voneinander getrennt sind: Wareneingang, Rohstofflager, Warenausgang für Fertigprodukte, Kontroll-Labors und ein spezieller Bereich für Gefahrstoffe. Ein Werk für Pilot-Produktionen und ein Pharma-Entwicklungszentrum der letzten Generation komplettieren das Werk. Im Zentrum steht ein vollautomatisches Hochregal-Palettenlager, aus dem alle Bereiche des Werkes bedient werden.

Das Werkslayout hat bisher ein Wachstum um den Faktor vier ohne größere Designänderung erlaubt; im Jahr 2003 berät Miebach Logistik Esteve bei der Erweiterung des Werkes entsprechend dem Masterplan, nach dem das Werk dann die Anforderungen der nächsten 10 Jahre erfüllen soll.

Das Projekt »Erweiterung des Werkes Martorelles«

Das Projekt umfasst im Einzelnen:

- die Verdoppelung der Lagerkapazität des Hochregallagers
- ein komplett neues Layout, bei dem die einzelnen logistischen Prozesse sich nicht gegenseitig stören oder beeinflussen können
- die Neugestaltung des Wareneingangs und der Versandzone für Großgebinde
- eine neue Kommissionierzone mit Pick-by-Light für den spanischen Markt, um einerseits das wachsende Volumen, andererseits aber auch die gestiegenen Qualitätsanforderungen zu bewältigen
- Einführung eines automatischen Kleinteilelagers (AKL), aus welchem die Durchlaufregale der Pick-by-Light-Anlage bedient werden
- Überarbeitung oder Neu-Einführung des Lagerverwaltungssystems, was die Implementierung neuer Qualitätssicherungsprozesse, die Einführung eines weltweiten Logistiksystems in einem Ausbauschritt und die Unterstützung neuer IT-Systeme für Planung, Markteinführung und Kommunikation einschließt
- die weltweite Validierung der implementierten Systeme nach den amerikanischen FDA-Richtlinien und den europäischen GMPs.

Das Projekt umfasst auch eine Kostenermittlung für Investition und Betrieb sowie die Projektorganisation und die Planung der Implementierung.

Das Projekt soll bis zum Jahr 2007 abgeschlossen sein.

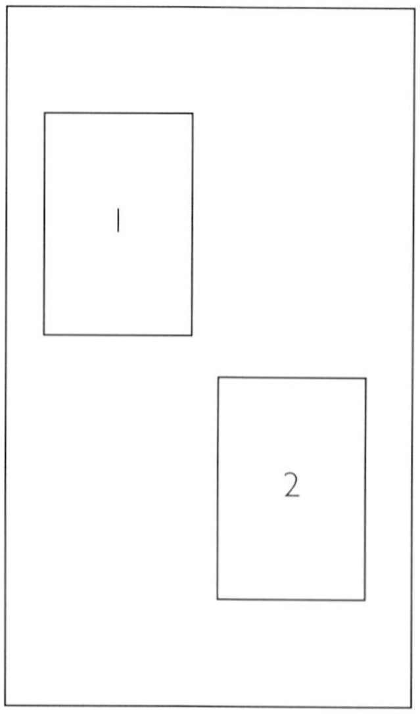

Hintergrund: Blick ins automatische Paletten-Hochregallager
1: Edelstahl-Rührwerk
2: Produktionsanlage

2

Thomas H. Ahrens
Atotech Vice President
Manufacturing Worldwide

Mehr Service bei geringeren Kosten

Unser neues softwaregestütztes Supply Chain Management-System wird uns helfen, mit geringeren Kosten unseren Kunden weltweit einen optimalen Service zu bieten und unsere Effizienz weiter zu verbessern.

Im Einzelnen werden wir dadurch eine bessere Verkaufs- und Absatzplanung, ein strafferes Bestandsmanagement sowie schlankere und effizientere Prozesse haben. Darüber hinaus wird die Transparenz in unserer weltweiten Supply Chain durch unsere neue Software deutlich erhöht werden.

Ferner schaffen wir damit die Voraussetzungen, um mit einheitlichen Kennzahlen Schwachstellen schnell und systematisch zu identifizieren und um erforderliche Maßnahmen zum Verbessern unserer Prozesse schnell und zielgerichtet einleiten zu können.

Ein wesentliches Ziel bei der Auswahl der Software war schließlich, dass das System in der Anwendung so benutzerfreundlich ist, dass der Trainingsaufwand gering gehalten werden kann und das System von allen Benutzergruppen, vom Außendienst bis zum Top-Management, gleichermaßen akzeptiert und unterstützt wird.

Atotech - Software für Supply Chain Management

Weltweite Warenströme überwachen

Atotech ist einer der weltweit führenden Anbieter von Verfahren und Anlagen für die dekorative und funktionelle galvanische Metallveredelung und die Leiterplattenfertigung. Atotech hat sich zum Ziel gesetzt, sein Supply Chain Management zu verbessern und dafür eine entsprechende Software einzuführen.

Wesentliches Ziel ist es hierbei, die weltweiten Warenströme besser zu steuern, mehr Transparenz in die globale Supply Chain zu bringen sowie die Effizienz der existierenden Prozesse zu verbessern. Die Aufgabe von Miebach Logistik bestand darin, Atotech bei der Definition der weltweiten Prozesse zu beraten und bei der Auswahl einer geeigneten Software zu unterstützen.

1: Der Geschäftsbereich GMF stellt Chemikalien und Anlagen für die galvanische Veredelung von Metalloberflächen her.
2: Atotech ist eine Tochtergesellschaft der ATOFINA.
3: Das Projektteam
4: Atotech bietet Produktionssysteme aus Chemie und Anlage für die Leiterplattenfertigung und Wafer-Metallisierung.

Atotech hat zwei weltweite Geschäftsbereiche: General Metal Finishing (GMF) und Electronics. Im Bereich GMF werden Chemikalien und Anlagen für die dekorative und funktionelle galvanische Metallveredelung, im Bereich Electronics Chemikalien und Anlagen für die Herstellung gedruckter elektrischer Schaltungen entwickelt, produziert und vertrieben.

Das Produktportfolio von Atotech umfasst weltweit aktuell

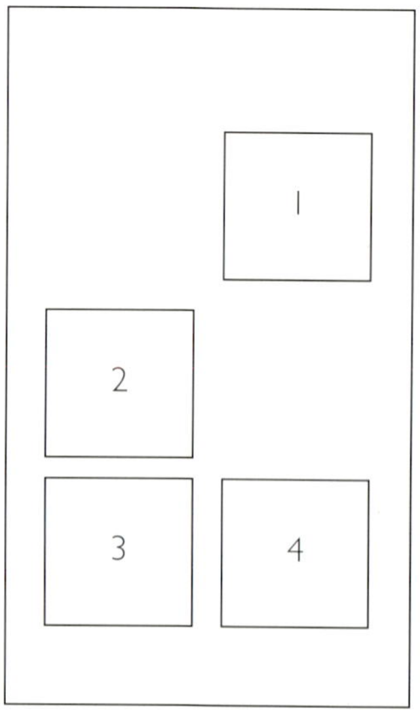

© IBM-Chip auf Keramikträger

rund 6.000 Produkte, die in einem sprunghaften Markt wie bei den Electronics-Produkten einem schnellen Wechsel und kurzen Lebenszyklen unterliegen. Die Chemikalienproduktion von über 100.000 Tonnen jährlich erfolgt weltweit in 14 Fabriken und wird über 28 Logistikstandorte vertrieben.

Die Produktionsstandorte produzieren für beide Geschäftsbereiche, so dass in der Supply Chain kein prinzipieller Unterschied zwischen beiden besteht. Lediglich Produkt- und Kundenanzahl differieren stark: GMF beliefert über 2.500 Kunden mit kleineren Mengen; Electronics hat wenige Kunden mit hohen Absatzmengen.

Der Umsatz von Atotech verteilt sich zu jeweils etwa einem Drittel auf Europa, Nord- und Südamerika sowie Asien. In allen Märkten besteht die Notwendigkeit eines effektiven Supply Chain Managements, denn Atotech garantiert seinen Kunden weltweit eine Lieferung innerhalb von 24 bis 48 Stunden.

Schritt 1: SCM-Prozesse weltweit abstimmen

Im ersten Schritt vor der Auswahl einer Supply Chain Management Software hat Atotech gemeinsam mit Miebach Logistik die Supply Chain Prozesse definiert. Hierbei waren die von Miebach Logistik eingebrachten »Best Practice Lösungen« für die Chemische Industrie eine sehr gute Grundlage. Die angewandte Methodik besteht aus einem hierarchischen Prozessmodell, mit dem es möglich ist, Planungsprozesse konsistent zu definieren, regionale Varianzen zu berücksichtigen sowie den Bezug zu den Leistungs- und Kostenindikatoren einfach herzustellen.

Schritt 2: Funktionale Anforderungen definieren

Aus den Prozessdefinitionen wurden von Miebach Logistik die funktionalen Anforderungen an die Software abgeleitet. Hinzu kommen noch generelle Anforderungen an Lieferanten und Anwendung. Die Software muss multi-lingual sein und asiatische Sprachen einschließen. Schließlich wurde eine »Master IT-Architektur« definiert, in der die Rolle der lokalen ERP-Systeme (Enterprise Resource Planning) innerhalb des globalen und unternehmensweit einheitlichen Supply Chain Management-Systems festgelegt wurde.

Schritt 3: K.O.-Kriterien und Lieferantenvorauswahl

In einem dritten Schritt haben Atotech und Miebach Logistik dann gemeinsam die Kriterien festgelegt, die eine Softwarelösung in jedem Fall erfüllen muss. Dazu gehören unter anderem die internationale Präsenz des Anbieters, der industrielle Schwerpunkt »Chemische Industrie« sowie die zu erfüllenden Funktionalitäten Absatzplanung, Bestandsmanagement, Transport- und Distributionsplanung sowie Monitoring.

Auf Basis einer umfassenden Anbieterauswahl wurde unter Anwendung der Ausschlusskriterien eine Shortlist mit insgesamt sechs Anbietern zusammengestellt und die Angebote wurden eingeholt. Nach erfolgter Angebotsauswertung erhielten drei Anbieter die Gelegenheit, im Rahmen eines »Conference Room Pilot« ihre Software mit Atotech Echtdaten in sechs definierten Business Cases zu präsentieren, um die geforderte Funktionalität und Flexibilität unter Beweis zu stellen.

Hintergrund: Der Geschäftsbereich PCB stellt Chemikalien und Anlagen für gedruckte Schaltungen her.

1: Die Hauptprozesse in der Atotech Supply Chain: Monitoring & Coordination, Planning und Execution

2: Die IT-Architektur zeigt, wie die lokalen ERP-Systeme mit dem unternehmensweiten Supply Chain Management System zusammenarbeiten.

Auswahl des Lieferanten und weltweites Roll-Out des Projekts

Zur Zeit wird die endgültige Software ausgewählt. Diese wird dann zunächst in einem Pilotprojekt in Europa erprobt. Danach soll unter Einbringung der Erfahrungen aus dem Pilotprojekt die Software weltweit eingeführt werden.

Bis heute hat der Beratungsprozess acht Monate in Anspruch genommen - angesichts der Komplexität und der internationalen Dimension der Aufgabe ein verhältnismäßig kurzer Zeitraum. »Ermöglicht wurde dies durch die sehr gute Zusammenarbeit innerhalb des international und multi-funktional besetzten Atotech Teams sowie dank der Unterstützung durch Miebach Logistik«, so Atotech Vice President Thomas Ahrens.

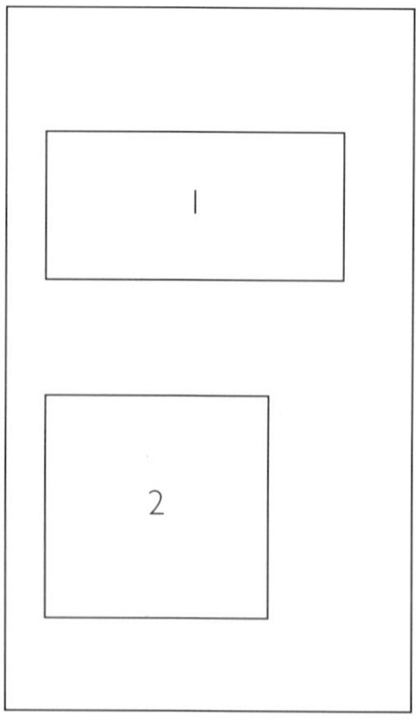

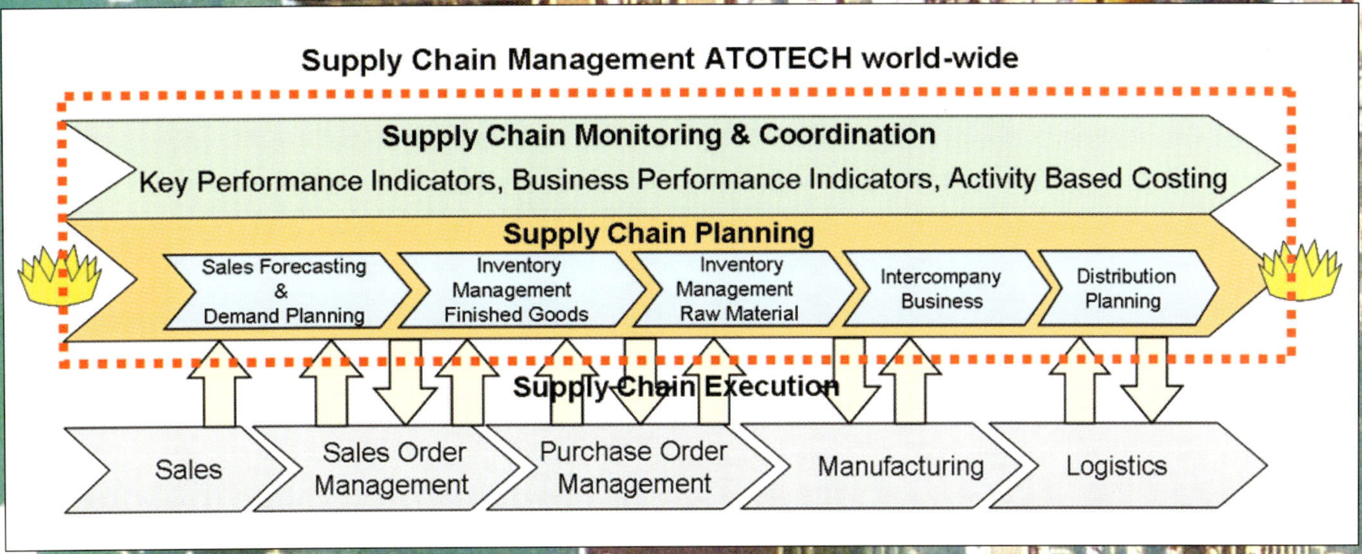
Supply Chain Management ATOTECH world-wide
Supply Chain Monitoring & Coordination
Key Performance Indicators, Business Performance Indicators, Activity Based Costing
Supply Chain Planning
Sales Forecasting & Demand Planning
Inventory Management Finished Goods
Inventory Management Raw Material
Intercompany Business
Distribution Planning
Supply Chain Execution
Sales
Sales Order Management
Purchase Order Management
Manufacturing
Logistics

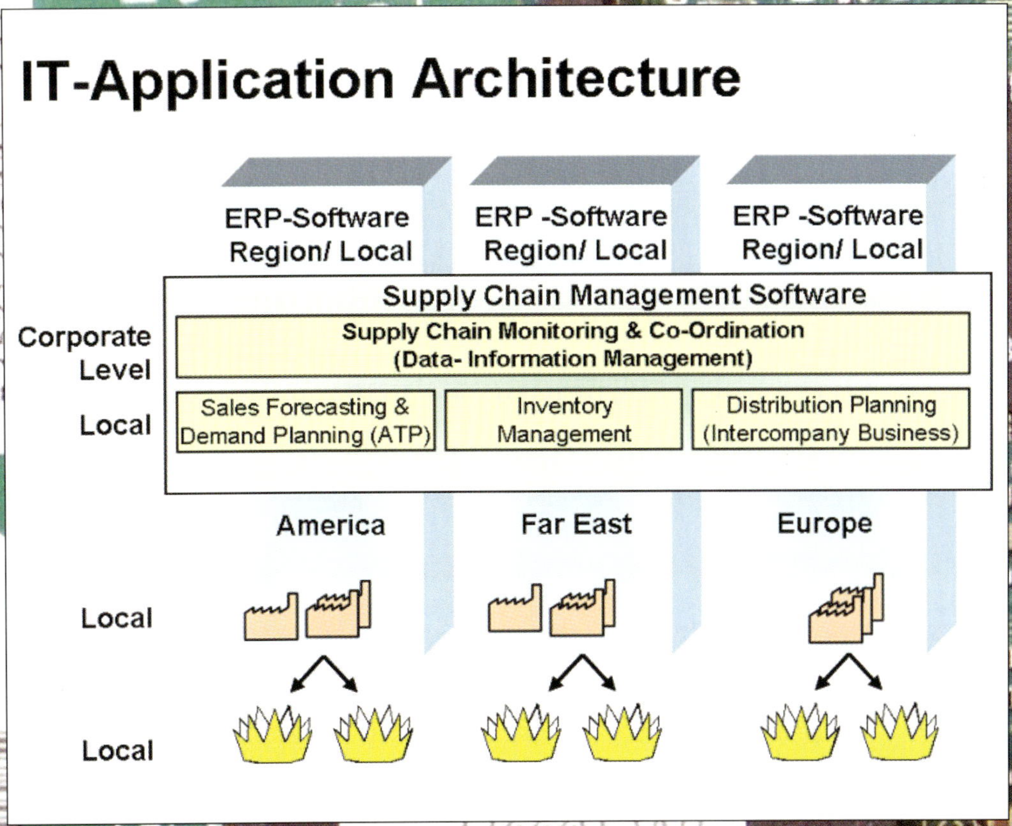
IT-Application Architecture
ERP-Software Region/ Local
ERP -Software Region/ Local
ERP -Software Region/ Local
Supply Chain Management Software
Corporate Level
Supply Chain Monitoring & Co-Ordination (Data- Information Management)
Local
Sales Forecasting & Demand Planning (ATP)
Inventory Management
Distribution Planning (Intercompany Business)
America
Far East
Europe
Local
Local

Marktsegment Handel und Ersatzteile

Handel

Markttrends

Weitergehende europäische Integration mit zukünftig neuem Fokus auf Osteuropa

Globalisierung der Beschaffungsmärkte

Dienstleistungen ergänzen Produktangebote - Verkürzung der Lieferzeiten, differenzierte Belieferungskonzepte

Logistiktrends

Standardisierung von definierten Logistikleistungen als Grundlage fehlerfreier, verlässlicher Prozessketten

Informatorische Integration entlang der gesamten Supply Chain als zentrales Instrument der übergreifenden Prozessoptimierung

Optimale Nutzung differenzierter Distributionskanäle

Europäische Integration der Logistiknetzwerke

Einsatz spezialisierter Logistikdienstleister

Miebach Logistik Dienstleistungen

Strategische Untersuchung der Lieferkette

Konzeption und Optimierung einzelner Wertschöpfungsstufen in der Supply Chain, zum Beispiel Lieferantenintegration, Transportoptimierung, Optimierung von Lagerprozessen, Anpassung und Gestaltung der entsprechenden IT-Systeme

Benchmarking laufender Operationen, um Potenziale für den Schritt zur "best in class"-Lösung zu erkennen

Umsetzung der strategischen Ziele in einem integrierten Planungsansatz, der Supply Chain Prozesse, IT-Systeme, Materialflusssysteme und Change Management einschließt.

»Kostenreduzierung und Serviceverbesserungen entstehen durch Einbindung von Lieferanten und Kunden in Logistiknetzwerke. Der Handel als Drehscheibe zwischen Hersteller und Verbraucher muss dabei vor allem logistische Kompetenz zur Verbesserung seiner gesamten Wertschöpfungskette einsetzen. In diesen Prozess kann Miebach Logistik langjährige internationale Erfahrungen einbringen.«

Rainer Schulz, 2003

Professor Reinhold Würth
Vorsitzender des Beirats
der Würth-Gruppe

Jahrzehnte der Zusammenarbeit

Die Professionalität ist groß bei Miebach Logistik. Im Bereich der Lagerorganisation arbeiten wir seit fast 30 Jahren beinahe ausschließlich mit Miebach Logistik zusammen und haben diese Kooperation immer als angenehm und erfolgreich empfunden. Dr. Miebach und sein Team sind freundlich, kompetent und verstehen ihr Geschäft; genau solche Partner brauchen wir bei unseren weltweiten Aktivitäten.

Das erste Projekt, bei dem Miebach Logistik die Würth-Gruppe beraten und planerisch unterstützt hat, war das Vertriebszentrum in Künzelsau. Man schrieb damals das Jahr 1975 und Würth hatte gerade 30 Jahre Firmengeschichte hinter sich.

Gegründet als Schraubengroßhandel im Jahr 1945 von meinem Vater Adolf Würth, hatte sich dieser Betrieb zu einem Unternehmen mit 2.150 Mitarbeitern in 18 Ländern der Welt entwickelt.

Zur Fertigstellung des ersten großen Vertriebszentrums wurde in der aus diesem Anlass aufgelegten Broschüre wie folgt formuliert: »Das Würth-Angebot umfasst 30.000 Artikel, darunter Muttern, Kleinteile, Schrauben, Werkzeuge, Produkte der chemischen Industrie und vieles andere.«

Heute hat die Würth-Gruppe 41.000 Mitarbeiter (05/2003) in 277 Gesellschaften in 80 Ländern der Erde und ist anerkanntermaßen das weltweit führende Handelsunternehmen für Befestigungs- und Montageprodukte. 2002 erwirtschaftete Würth einen konsolidierten Weltumsatz in Höhe von 5,36 Milliarden Euro und ein Betriebsergebnis vor Steuer von 281 Millionen Euro.

Die Zusammenarbeit mit Miebach Logistik hat sich nun seit 27 Jahren bewährt, Miebach hat zu unserem Erfolg entscheidend beigetragen. Ein aktuelles Projekt, das vor wenigen Monaten erfolgreich in Betrieb ging, ist das Logistikzentrum Landquart in der Schweiz, das die europäischen Tochtergesellschaften mit Produkten aus unserem weltweiten Beschaffungsnetz beliefert. Wie fast selbstverständlich wurde diese Anlage ohne Anlaufprobleme unspektakulär in Betrieb genommen.

Hintergrund: Ein Beispiel aus der Service-Palette von Würth: der Bauunternehmerguide
1 bis 3: Bei Würth wird Wert auf eine originelle architektonische Gestaltung gelegt.
1: s'Hertogenbosch, Niederlande
2: Erstein, Frankreich
3: Böheimkirchen, Österreich

Montageprofi Würth

Wachstum braucht Logistik

Innovation als Aufgabe

Das stürmische Wachstum der Würth-Gruppe stellte nicht nur die Würth-Gruppe selbst, sondern auch die Logistik-Berater immer wieder vor die Aufgabe, noch effektivere Verfahren zu erfinden und noch leistungsfähigere Technik einzusetzen.

Innovation als Ergebnis

Das führte dazu, dass in den 80er Jahren das Kommissionierverfahren Pick-Pack-Check mit dem Ziel der »Null-Fehler-Kommissionierung« erfunden wurde. In einem Arbeitsgang werden die

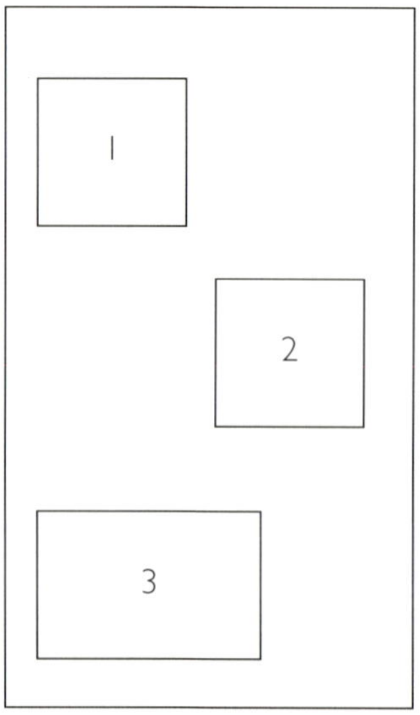

WÜRTH
WÜRTH
WÜRTH
www.wuerth.com

Artikel direkt in den Versandkarton kommissioniert und dieser dann gewogen, so dass eventuelle Fehler sofort bemerkt und korrigiert werden können (Bilder dazu auf Seite 21).

Innovation in Ergonomie

Der Versand wurde ergonomisch durchdacht und mit Palettierrobotern optimiert.

Ein durchgängiges Verpackungskonzept erlaubt ein automatisches Kartonhandling im gesamten Lagerprozess. Dabei unterstützt die EDV unter anderem die volumenoptimale Behälterauswahl für jeden Kundenauftrag und steuert im Versand einen Palettierroboter, um eine optimale Anordnung der Versandkartons auf der Palette zu erreichen (Bilder Seite 21und 111).

Konsequente Umsetzung von Standard-Konzepten

Miebach Logistik entwickelte für die Landesgesellschaften in Österreich, Dänemark und Norwegen ein Standard-Lagerkonzept, das dann auch in Spanien und Frankreich zum Einsatz kam und mit einem Materialflussystem für 30.000 Auftragszeilen pro Tag die Produktiviät um 60 % steigerte.

Als in den 90er Jahren leistungsfähige Sorter zu akzeptablen Preisen zur Verfügung standen und die IT soweit war, dass jeder einzelne Auftrag durchgängig im Distributionszentrum verfolgt werden konnte, entwickelte Miebach Logistik für die Würth Gruppe das Prinzip des »Dynamic Forwarding« (Bilder dazu auf Seite 25). Auch aus heutiger Sicht noch eine Innovation in der Kommissioniertechnik: Ein Sorter schickt die Versandkartons nur zu den Kommissionierplätzen, an denen auch kommissioniert werden muss, und das nur dann, wenn dort aktuell auch Kapazität vorhanden ist.

Das hat gegenüber den herkömmlichen Weiterreichsystemen den Vorteil, dass Auftragsbehälter nur den notwendigsten Teil des Fördersystems durchlaufen und damit insgesamt eine deutlich höhere Durchsatzleistung des Gesamtsystems erreichbar wird.

Erstmals eingesetzt wurde dieses System im Distributionszentrum s'Hertogenbosch bei einem Durchsatz von 25.000 Positionen.

In der Simulation schafft »Dynamic Forwarding« 100.000 Positionen am Tag; es ist also noch eine deutliche Reserve vorhanden.

Standardisiertes Behälterkonzept weltweit

Auch in der Beschaffung entwickelt Miebach Logistik intelligente Konzepte und setzt sie um. Im Jahr 2003 wurde das neue Logistik-Zentrum der Würth Holding mit Standort in Landquart in Betrieb genommen. Ausgeliefert werden rund 5.000 Artikel an die Landesvertriebsgesellschaften. Das logistische Gesamtkonzept fußt auf einer standardisierten Behältertypologie und durchgängiger informatorischer Vernetzung der gesamten Beschaffungskette. Die Waren werden in Landquart schon in den richtigen Lagerbehältern verschickt, so dass vor Ort im Wareneingang keine Packtätigkeiten anfallen, sondern sofort eingelagert und dann verzugslos kommissioniert werden kann.

Hintergrund: Packarbeitsplatz in Landquart mit Blick auf die Schweizer Bergwelt
1: Automatisierung, wo immer möglich und sinnvoll: Picklisteneinwurf in s'Hertogenbosch
2: Ergonomisch gestalteter Pick-Platz für Pick-Pack-Check-Kommissionierung
3: Automatischer Palettierroboter

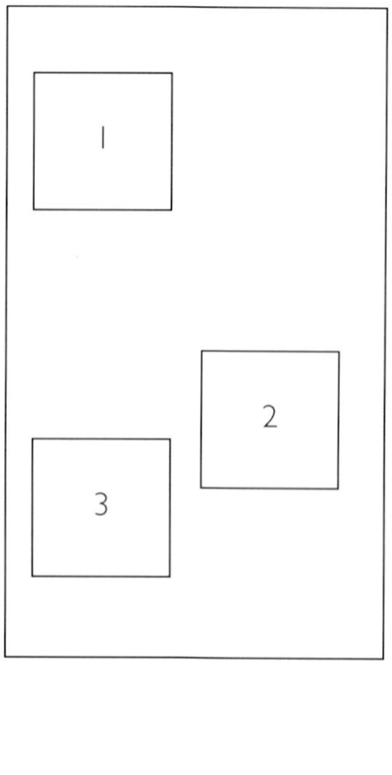

Marktsegment Handel und Ersatzteile

Ersatzteile

Markttrends

Verkürzte Produktlebenszyklen, design-orientierte Produktdifferenzierung und das Besetzen von Marktnischen führen zu zunehmender Teilevielfalt.

Breiter Martkauftritt in unterschiedlichen Vertriebskanälen, evt. Mehrmarkenstrategie

Globalisierung der Absatzmärkte durch Wachstum, Kooperation oder Standardisierungsstrategien

Logistiktrends

Globale informatorische Integration zur Optimierung selektiver Bestandsführungsstrategien

Direkte Anbindung von Kunden und Lieferanten in automatisierten Nachschub- bzw. Belieferungskonzepten

Outsourcing, speziell zu Lead Logistics Providern für komplexe Logistikkooperationen, regionale Leistungsangebote und ausgewählte Distributionskanäle

Standardisierung von Logistikleistungen und -prozessen

Miebach Logistik Dienstleistungen

Strategische Untersuchung der Lieferkette

Konzeption und Optimierung einzelner Wertschöpfungsstufen in der Supply Chain, zum Beispiel Lieferantenintegration, Transportoptimierung, Optimierung von Lagerprozessen, Anpassung und Gestaltung der entsprechenden IT-Systeme

Benchmarking laufender Operationen, um Potenziale für den Schritt zur "best in class"-Lösung zu erkennen

Umsetzung der strategischen Ziele in einem integrierten Planungsansatz, der Supply Chain Prozesse, IT-Systeme, Materialflusssysteme und Change Management einschließt.

»Die Ersatzteilversorgung ist längst zentraler Bestandteil eines rundum optimalen Produktes. Logistische Konzepte sichern die weltweite Verfügbarkeit von breiten Ersatzteilsortimenten zu optimalen Kosten.

Der Schlüssel zu kostenoptimalen Logistikleistungen liegt dabei in einer optimalen Gestaltung des Distributionsnetzwerkes, der Bevorratungsstrategien des Sortiments in den bedienten Regionen sowie in der übergreifenden Supply Chain-Integration für eine schnelle fehlerfreie Lieferung.«

Rainer Schulz, 2003

Auto-Ersatzteile in 24 Stunden

Das virtuelle Europalager der ZF Trading GmbH

Dr. Stephan Freichel
Geschäftsführer
Supply Chain & Services
der ZF Trading GmbH

Das Geschäft mit Kraftfahrzeug-Ersatzteilen erfordert dynamische Lösungen

Steigende Bestellzahlen mit immer kleineren Mengen prägen heute das Zuliefergeschäft für den Kfz-Ersatzteilmarkt. Eine weitere Herausforderung unseres Geschäfts liegt in der Bewältigung der Programmbreite sowie der Umsatzkonzentration auf A-Teile - 80 Prozent - mit der Notwendigkeit einer Verfügbarkeit des Gesamtsystems im Next-Day-Service aus einem Zentrallager.

Es ist daher sinnvoll, eine selektive Lagerhaltung in Europa zu betreiben und alle Lager zu einem virtuellen Europalager zusammenzufassen. Solche virtuellen Lager lassen sich aber ohne Simulation und den Einsatz erfahrener Berater kaum optimal planen.

Die Realisierung aus solchen Projekten, verbunden mit tiefgreifenden infrastrukturellen Maßnahmen, läßt sich ohne eigene vorgehaltene Kompetenz nur durch den Einsatz eines erfahrenen Engineering Consultants erfolgreich verwirklichen. Das Unternehmen, damals firmierend unter Sachs Handel GmbH, hat auf Miebach Logistik zurückgegriffen. Wir haben es bis heute nicht bereut.

Die ZF Trading mit 26 Standorten in 21 Ländern bietet ihren Großhandelskunden unter den Marken Sachs, Boge und Lemförder ein attraktives Produktprogramm in Erstausrüster-Qualität an. In Deutschland ist ZF Trading der führende Lieferant von Antriebs- und Fahrwerkstechnik. International belegt das Handelsunternehmen den ersten Platz bei Kupplungen, Rang drei bei Stoßdämpfern und hat eine führende Stellung in Europa im Bereich Lenkungstechnik.

Mitte der neunziger Jahre hatte das damals noch unter Sachs Handel firmierende Unternehmen in Schweinfurt ein neues Distributionszentrum in Betrieb genommen, aus dem Kunden in 110 Ländern der Welt beliefert wurden. Zwei Drittel der Lieferungen waren Express-Aufträge, das heißt die bestellte Ware war innerhalb von 24 Stunden beim Kunden.

1996 begann, von Miebach Logistik unterstützt, die Planung eines virtuellen Europalagers. Europäische Kunden sollten zwar weiterhin in den Zentrallagern in Frankreich, Großbritannien, Österreich, Spanien und Deutschland bestellen, geliefert werden sollte aber aus demjenigen

Hintergrund: Kupplungsscheiben-Satz für Nutzfahrzeuge
1: Das Sachs Logistics Center.
2: Man baut erst die Regale und dann die Hülle.
3: Aber vorher werden noch die Regalfördergeräte mit Schwerlastkranen eingebracht.

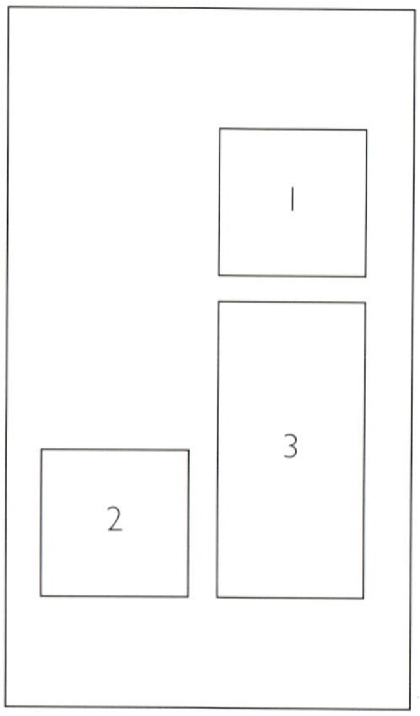

SACHS
SACHS
SACHS
SACHS

Lager, das die entspechenden Artikel bevorratet. Das bedeutete für Schweinfurt die Anbindung an die im Konzern bereits eingeführte SAP-R/3 Software, die Erweiterung des automatischen Kleinteilelagers (AKL) und den Neubau eines vollautomatischen Hochregallagers (HRL) mit Kommissionierzone.

Simulation als Grundlage für Investition

Da die beiden Lager in getrennten Bereichen untergebracht werden mußten und außerdem die Kommissionierer und Regalbediengeräte in der ursprünglichen Version des AKL nur zu etwa 70 Prozent ausgelastet waren, empfahl Miebach Logistik eine Simulation der neuen Abläufe zur Optimierung der Systemleistung. Es ergab sich, dass im AKL ein zweiter Sortierkreislauf in der Fördertechnik notwendig war, um die Auslastung auf 80 Prozent zu bringen, und dass danach der Verteilerwagen für die Versandpaletten einen Engpass darstellte. Dieser ließ sich durch die Erhöhung der am Kommissionierplatz anstehenden Aufträge von zwei auf drei abstellen. Dadurch waren für den Verteilwagen »Doppelspiele« möglich, das heißt bei Anlieferung einer leeren Versandpalette konnte meistens auch eine volle abgeholt werden.

Nun war die Auslastung bei 90 Prozent und die restlichen Wartezeiten an den Kommissionierplätzen konnten auf die Sortierung mit Hilfe von sogenannten Auslagerstichbahnen zurückgeführt werden. Hier wurde nun der Einsatz von Sortierhebern mit sieben Plätzen simuliert, auf die wahlweise zugegriffen werden kann und die daher einen entsprechenden Sortierpuffer darstellen. So konnte die Anzahl parallel angeforderter Artikelbehälter aus dem AKL erhöht werden und Wartezeiten wurden weitgehend ausgeschlossen. In der Simulation betrug die Auslastung nun zwischen 95 und 100 Prozent.

Engpass Elektrohängebahn

Nachdem der Kommissionierbereich im AKL optimiert war, stellte sich in der Simulation die Elektrohängebahn, die AKL und HRL verbindet, als neuer Engpass für das Gesamtsystem heraus.

Zunächst wurde die Erhöhung der eingesetzten Transportgehänge simuliert und eine optimale Anzahl von 23 ermittelt. Weitere Gehänge brachten keine Leistungssteigerung mehr. Nun wurden ein weiterer paralleler Schienenstrang geplant und der Einsatz von Parallelweichen brachte dann die geforderte Performance. Parallelweichen schließen im Moment des Umsetzens den Schienenstrang, von dem das umgesetzte Gehänge genommen wurde, so dass dort weitergefahren werden kann.

Für 20 Millionen Euro ein voller Erfolg

Nach 21 Monaten Bauzeit startete das Schweinfurter Lager 1999 mit dem Echtbetrieb. Die Kommissionierleistung betrug nun 4.500 Positionen statt vorher 2.000 und statt der vorher 250 Sendungen verließen nun 530 Sendungen täglich das Lager.

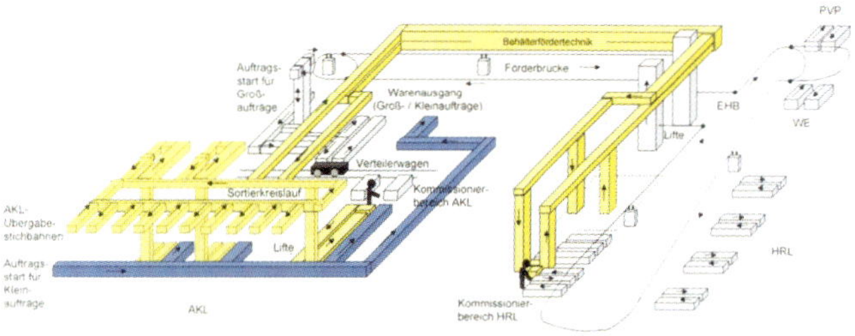

Das Lager hat aufgrund der vorgegebenen Infrastruktur zwei Bereiche: links das Automatische Kleinteilelager (AKL) mit dem Kommissionierbereich AKL und rechts das neue Hochregallager mit ebenfalls einem eigenen Kommissionierbereich. Die beiden Bereiche sind durch eine Förderbrücke für Behälter und die neue Elektrohängebahn für Paletten verbunden (im Hintergrund).

Hintergrund: Blick ins Automatische Kleinteilelager (AKL) mit automatischem Regalbediengerät
1: Die Elektrohängebahn transportiert Paletten zwischen den Lagerbereichen.
2: Ein Universalkommissionierplatz im AKL
3: Stoßdämpfer im Transportbehälter

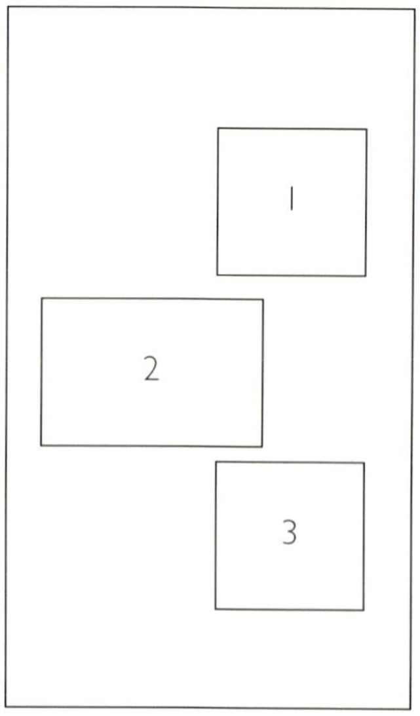

SACHS
SACHS
SACHS
SACHS

Escorts - Indien: Neues Lager bringt Wettbewerbsvorteile

Mit Barcode, Handscanner und Lagerverwaltungssystem eine neue Ära begonnen

Die in Indien ansässige Escorts Group hat für Ihre Spare Parts Division "AMMD Spare Parts" einen entscheidenden Schritt in Richtung Zukunft gemacht. Mit der Errichtung eines neuen 7000 Quadratmeter großen Zentrallagers in Faridabad im Staate Hariana, India, und der gleichzeitigen Einführung moderner Logistik-Technik und Materialfluss-Prozesse hat die Escorts Group eine neue Ära im Bereich Lagerhaltung in Indien eingeläutet.

Alt = sehr langsam

Bis zum Jahre 1999 wurden alle Aufträge noch von dem »alten, sehr traditionellen« Lager ausgeliefert. Damals war es keine Seltenheit, dass Produkte nicht gefunden wurden, ein Auftrag schon mal 3- 5 Tage Lagerdurchlaufzeit hatte oder dass sich die über 60 Lagerarbeiter beim Kommissionieren einfach "auf den Füßen" standen.

Fehlbestände und fehlerhafte Sendungen an die Kunden waren die Regel. Begriffe wie dynamische Platzverwaltung, FIFO, Lagerhilfsmittel, Kommissionierstrategien oder gar Null-Fehler-Prozeduren waren unbekannt.

Qualität gab den Ausschlag für die Investition

Die 60 Aufträge pro Tag mit etwa 1.500 Auftragszeilen und insgesamt um die 12.000 Teile pro Tag können nicht mit euopäischen Durchsatzzahlen mithalten und rechtfertigen daher für sich gesehen keine »High Tech Solutions« mit relativ hohem Investment.

Und betrachtet man in Indien die Amortisationszeit für eine Investition in ein Lager nur unter dem Gesichtspunkt der tatsächlichen direkten Einsparungen zum Beispiel im Bereich Personal oder Fläche, so sind Amortisationzeiten von 20 - 40 Jahren nichts Außergewöhnliches.

Doch das Management von Escorts hat sich als Ziel gesetzt, die Kundenzufriedenheit in den Vordergrund zu stellen, um so mittel- und langfristig Wettbewerbsvorteile zu erlangen.

Implementierung innerhalb von 10 Monaten

Im Jahre 2000 war es dann soweit: Die Detailplanung war abgeschlossen und die Implementierung wurde innerhalb von 10 Monaten - was für indische Verhältnisse äußerst kurz ist - erfolgreich abgeschlossen. Der Umzug vom alten ins neue Lager fand innerhalb von 4 Tagen ohne größere Schwierigkeiten statt. Anfängliche Probleme mit dem von Grund auf neu entwickelten und in Indien programmierten Lagerverwaltungssystem konnten relativ zügig beseitigt werden, so dass Escorts seit nunmehr 2,5 Jahren das neue Zentrallager in Betrieb hat.

Packen und Barcode

Um dem in Indien sehr verbreiteten "Black Market" entgegenzutreten, hat sich das Planungsteam dazu entschieden, modernstes holografisches Packmaterial einzusetzen. Sämtliche Produkte werden im Lager in das neue holografische Material verpackt und mit einem Barcode La-

Hintergrund: Priestergewand für die Anrufung des Hindu-Gottes Ganesha, Schutzgott der Lernenden

1: Entladen angelieferten Materials im Wareneingang per Gabelhubwagen

2: Die Hologrammverpackung soll Produktfälschungen verhindern.

3: Vor der Einlagerung werden alle Produkte fälschungssicher verpackt.

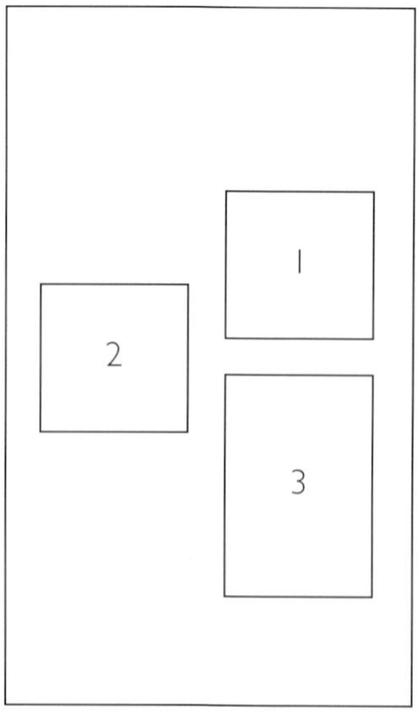

श्री गणेशाय नमः
ESCORT
ESCORTS

bel versehen bevor der Versandprozess durchgeführt wird.

Lagersysteme und Lagerhilfsmittel

Die Produktkategorisierung ist, wie im Ersatzteilhandel üblich, nach dem Muster Klein- und Mediumteile einerseits und Groß- und Schwerteile andererseits durchgeführt worden. Ein konventionelles Regallager mit fünf Etagen für Paletten und ein Kleinteile-Regallager mit zwei Kommissionierebenen wurden als Lagersysteme ausgewählt. Die Lagerplatzvergabe ist dynamisch, so dass eine optimale Platzauslastung garantiert ist.

Das Kleinteilelager, das nahe beim Versandbereich positioniert ist, beinhaltet die Kleinteile, die ca. 65 % des Gesamtdurchsatzes ausmachen.

Neben einem modularen Lagerhilfsmittel-System für 9, 18, 36 und 72 Liter Behälter werden Standard-Industrie-Paletten und Gitterboxen eingesetzt.

Flurförderzeuge

Um einen optimalen Betrieb im Lager sicherzustellen, wurden Schubmaststapler, batteriebetriebene Gabelhubwagen und sowie handbetriebene Gabelhubwagen als Material Handling Equipment ausgewählt.

Da die Geräte in Indien extremen Einsatzbedingungen wie Temperaturschwankungen und Staub ausgesetzt sind, war bei der Auswahl wiederum die Qualität das Hauptkriterium. Das führte dazu, dass sämtliche Geräte importiert werden mussten.

Kommissionieren & Orderforwarding

Die Kommissionierung wird vom Lagerverwaltungssystem komplett gesteuert. Die optimale Pickstrategie wird ausgewählt und mit Hilfe von Handscannern wird die Kommissionierung durchgeführt (batch processing).

Für den Kommissionierbetrieb werden eigens entwickelte Picktrolleys eingesetzt, die bis zu 6 Kartons, das heißt bis zu 6 Aufträge aufnehmen können und so den Multiorder-Kommissionierprozess unterstützen.

Die Kombination der Handscanner mit den Hologrammpacks und den Barcode Labeln eleminiert praktisch alle Fehler.

Kit-Bildung mit Weiterreichsystem

Wie es häufig im Ersatzteilehandel vorkommt, werden den Kunden sogenannte Kits, das sind Sätze von Einzelprodukten, angeboten. Diese Kits müssen im Lager aus verschiedenen Lagerbereichen zusammengestellt werden. Als wirkliche Besonderheit wird hier das erste Mal in Indien ein Mini- Weiterreich-System, PLC gesteuert, eingesetzt. Die Durchlaufzeiten konnten damit erheblich verkürzt werden.

Im Ergebnis schneller, besser und billiger

Die Lagerdurchlaufzeiten wurden um 70 % verkürzt. Die Fehlerquote wurde auf nahezu 0.1 % gesenkt. Eine schnellere fehlerfreie Auslieferung " fast response" zu den Kunden bringt Wettbewerbsvorteile. Die Kombination von intelligenten Prozessen mit dem Lagerverwaltungssystem und der dazugehörigen Technik führt zu einem akuraten Lagerbestand und trägt zur Planungsgenauigkeit bei. So konnte der gesamt Lagerbestand bei gleicher Verfügbarkeit allein aufgrund der "neuen Transparenz" um 15 % gesenkt werden.

Als positiver Nebeneffekt ergab sich, dass die Anzahl des Lagerpersonals von über 60 auf 30 Personen reduziert werden konnte, was in Indien jedoch finanziell gesehen wenig ausmacht. Ein durchschnittlicher Lagerarbeiter verdient zwischen 4000 und 5000 indischen Rupien im Monat; das entspricht etwa 80 bis 100 Euro.

Hintergrund: Ganesha, Gott der Weisheit, der Unbesiegbarkeit und der Besonnenheit, Schutzgott der Lernenden,wurde versehentlich von Shiva geköpft, dann aber mit einem Elefantenkopf wiederbelebt.
1: Dieser kleine Schrein befindet sich im Lager und beschützt es.
2: Das Palettenlager
3: Das Kleinteilelager mit den zwei Kommissionierebenen

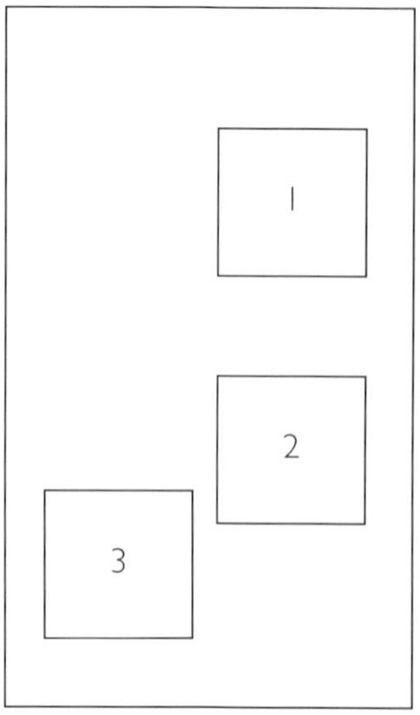

Versandhandel

Markttrends

Verstärkte Konzentrationsbestrebungen im Versandhandel, teils in Kombination mit stationärem Handel

Tendenz zur Spezialisierung, z.B. spezieller Versandhandel für Bücher, Büroartikel, Geschenkartikel

Verkürzung der Lieferzeiten mit Auslieferung in 24 Stunden oder am selben Tag

B2C-Versand mit Web-Shops als zusätzlichem Vertriebsweg

Logistiktrends

Große Lager und Distributionszentren; Geschäftsprozesse werden zunehmend komplexer

Wachsendes Aufkommen an immer kleineren Bestellungen mit daraus resultierenden höheren Logistik-Kosten pro Lieferung

Extreme Sortimentsbreite bei den Vollsortimentern im Versandhandel

Verkürzung der Auftragsdurchlaufzeiten

Miebach Logistik Dienstleistungen

Gestaltung neuer Logistik-Prozesse, Prozesskostenrechnung, Standortanalysen mit Blick auf Kosten- und Distributionsstrukturen

Konzeptstudien mit Investmentkalkulation für Materialfluss-Equipment und IT, Projekt-Generalplanung und Layout-Gestaltung

Detailplanung, Ausschreibungen und Projektmanagement für logistische Einrichtungen und IT

Training, Schulung und Einführung von KVP-Verfahren

»Der Anteil des europäischen Versandhandels am Einzelhandelsumsatz hat über Jahre nahezu konstant bei 4,5 % gelegen und ist im Jahr 2002 / 2003 überraschend auf 6 % gestiegen.

Kostenvorteile lassen sich jedoch nur noch durch verbesserte Beschaffungs- und Logistikprozesse erzielen, da die Einkaufspreise weitgehend ausgereizt sind. Unsere Expertise steht auch Ihnen zur Verfügung unabhängig davon, ob Sie Märkte neu erschließen oder ihre bestehenden Strukturen und Prozesse optimieren wollen.«

Jan-Hinrich Fischer, 2003

Wolfgang Appelhans
Director Logistics
QVC

Teleshopping lebt von High-Speed-Logistik

Unsere Kunden können rund um die Uhr vom Fernsehsessel aus bei uns telefonisch einkaufen, ohne Ladenschlusszeiten, Drängelei oder Stress. Und genau so bequem wünschen sie sich auch die Lieferung ihrer bestellten Ware.

Dies stellt hohe Ansprüche an die Logistik: Eine Hochgeschwindigkeitsversandmaschine ist erforderlich. Und ihre Kapazität muss in dem Tempo wachsen, wie das Geschäftsvolumen zunimmt.

Unser neues Distributionszentrum in Hückelhoven ist dazu in der Lage. Hier haben wir über 100 Millionen Euro investiert und beschäftigen zur Zeit nahezu 500 Mitarbeiter. In fünf Jahren sollen es über 1000 sein.

QVC-Distributionszentrum Hückelhoven:
Bestellung via TV - Zustellung an die Haustür

Teleshopping-Versand ist kein Hexenwerk

5,4 Millionen Bestellungen gingen im Jahre 2002 bei QVC ein. Das TV-Kaufhaus verschickte im vergangenen Jahr 5,7 Millionen Pakete an seine Kunden.

Das Sortiment von QVC umfasst rund 18.000 verschiedene Produkte aus den Bereichen Schmuck, Haus & Garten, Gesund & Schön, Küche, Hobby & Basteln sowie Mode. Der Versand der Ware erfolgt aus dem Distributionszentrum in Hückelhoven, das unter Mitwirkung von Miebach Logistik Deutschland geplant und in Betrieb genommen wurde. Die Idee, Produkte über das Medium Fernsehen anzubieten, stammt aus den USA und hat sich auch in Europa schnell durchgesetzt. QVC steht für Quality, Value und Convenience - Qualität, Wert und Bequemlichkeit.

Erfolgreich konnte sich QVC seit Sendestart im Dezember 1996 am deutschen Teleshoppingmarkt behaupten. Das Düsseldorfer TV-Kaufhaus konnte für das Geschäftsjahr 2002 einen Nettoumsatz von 289 Mio. Euro verbuchen und verzeichnet 1,1 Mio. aktive Kunden, die alle 2002 bei QVC bestellt haben. QVC erreicht mit seinem Programm via Kabel

Hintergrund: Gérald Wespisers Kochbuch "Meine Lieblingsrezepte", hier vorgestellt von QVC-Moderatorin Thania Metternich, ist beim TV-Kaufhaus ein Renner.
1: Kommissionierbehälter auf Fördertechnik im QVC-Distributionszentrum
2: Blick in die Produktion
3: Einweisung in die Abläufe am Arbeitsplatz

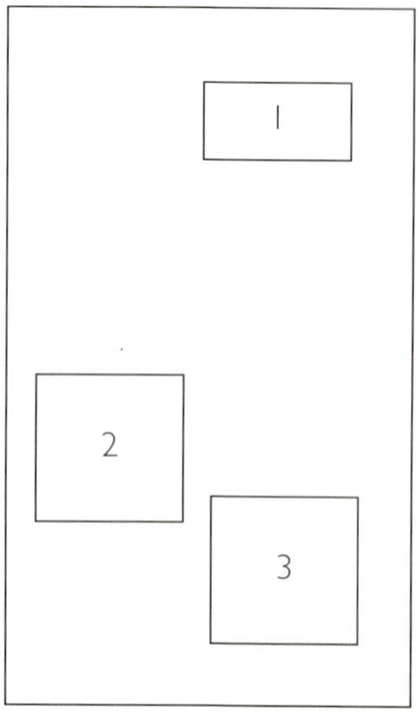

QVC
Putenfleisch

und Satellit mittlerweile über 34 Millionen Fernsehhaushalte im deutschsprachigen Raum und ist zusätzlich im Internet vertreten. Die Mutterfirma QVC Inc. (USA) ging 1986 erstmalig auf Sendung und zählt heute zu den weltweit führenden elektronischen Einzelhandelsunternehmen.

Inbetriebnahme in Rekordzeit

Nachdem sich QVC für den Neubau eines Distributionszentrums in Hückelhoven entschieden hatte, übernahm im Dezember 2000 Miebach Logistik Deutschland die Konzeptprüfung und Logistikplanung sowie das Projektmanagement für die logistischen Einrichtungen. Ebenso gewährleistete Miebach das Simultaneous Management für Detailplanung und Gebäuderealisierung, das Vor-Ort-Management, das Transition-Konzept und das Mitarbeiter-Training. Detailplanung, Ausschreibung und die Vergabevorbereitung zur Materialflusstechnik erfolgten während der Bauphase. Nur so konnte der ehrgeizige Terminplan - erster Spatenstich am 31. März 2001, Lieferung des ersten Paketes am 4. September 2002 - eingehalten werden.

Der Materialfluss im neuen Distributionszentrum

Im Hückelhovener Distributionszentrum liefern täglich 60 bis 80 Lastwagen die Hartwaren an. Neun vollautomatische Regalbediengeräte lagern die Produkte vor dem Versand in das Palettenhochregallager oder das automatische Kleinteile-Lager ein. Das Hochregallager ist eine erweiterbare Anlage in Silobauweise mit 18 Regalzeilen und jeweils 17 Ebenen. Es hat eine Kapazität von 32.000 Palettenplätzen.

Das automatisierte Kleinteile-Lager wurde als erweiterbares Tablar-Lager ebenfalls in Silobauweise errichtet. 10 vollautomatische Zwei-Mast-Regalbediengeräte beschicken 20 Regalzeilen mit je 28 Ebenen und einer Gesamthöhe von 16 Metern.

Die Forward Picking Area

In den Forward Picking Areas stehen die vorkommissionierten Teile aus dem Hochregallager und dem automatischen Kleinteilelager in einer zweigeschossigen Regalanlage zum Kommissionieren bereit. Auf der unteren Ebene sind die schnelldrehenden Artikel aus Leistungsgründen in drei parallelen Kommissionierlinien gelagert. Die Langsamdreher lagern auf der zweiten Ebene in Fachbodenregalen. Sie werden mit Datenfunkunterstützung kommissioniert.

Die Packerei besteht aus zwei Packbereichen: dem "Fast"-Packbereich für "Einpöster" und der Universal-Packerei für "Mehrpöster". Packmaterialspender versorgen die Arbeitsplätze automatisch mit wiederverwendbarem Packpapier.

Das Schmucklager

Die komplette Abwicklung des Schmuckversands erfolgt in einem gesicherten und in sich abgeschlossenen Bereich im Erdgeschoss und auf weiteren 4.000 qm im ersten Obergeschoss.

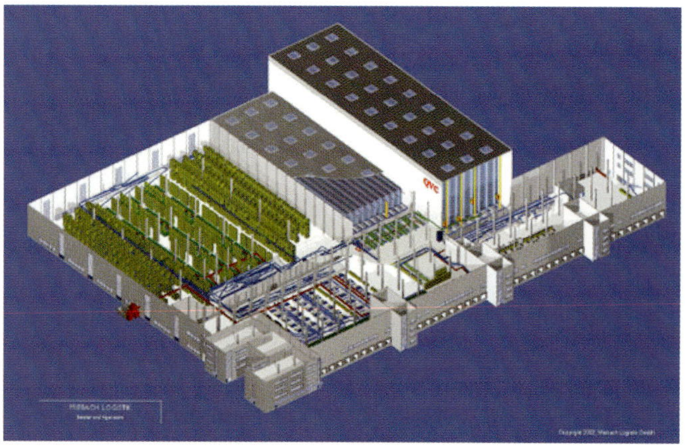

Blick ins Distributionszentrum. Vorne die Bereiche für Wareneingang (links) und Versand (rechts). Vorne in der Mitte der Schmuckbereich. Hinten links die Lagerbereiche für Hardgoods und Textilien.

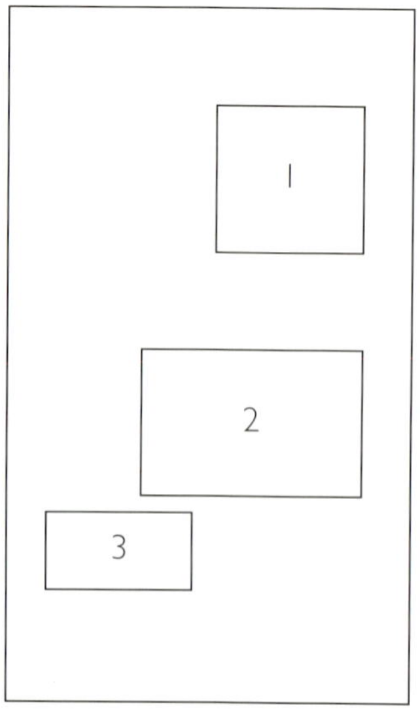

Hintergrund: Der Warenausgangssorter ist ein raumgängiger Kippschalensorter mit elektrischer Kippvorrichtung und steilerem Kippwinkel. So können leichte Versandtaschen sicher abgekippt werden - genau wie 70 kg schwere Pakete.

1: Pack-Arbeitsplatz

2,3: Das Distributionszentrum aus der Vogelperspektive und von der Straßenseite

QVC

Ulrich Wiggers
Mitglied des Vorstandes
Neckermann Versand AG

Logistik ist bei uns Kernkompetenz

Der Versandhandel, und dabei ist es egal, ob unsere Kunden aus dem Katalog oder per Internet bestellen, lebt davon, dass er schnell und komfortabel die bestellte Ware an die Haustür liefert.

Wir haben die Erfahrung gemacht, dass mit jedem Tag, den die Ware später beim Kunden eintrifft, die Retourenquote steigt. Dass wir die richtigen Artikel in der richtigen Größe und Farbe ausliefern, ist selbstverständlich. Wenn man aber die durchschnittlich 200.000 verschiedenen Artikel, die wir anbieten, betrachtet, verliert der Vorgang etwas von seiner Selbstverständlichkeit.

Da brauchen wir professionelle Versandzentren, wie zum Beispiel die, die wir mit Hilfe von Miebach Logistik errichtet und stets auf dem aktuellen Stand der Technik gehalten haben.

Neckermann-Versandzentren:
Logistik macht's möglich

18 Millionen Pakete und Päckchen jährlich

Schon in den 70er Jahren hat Miebach Logistik das Versandhaus Neckermann beraten. Und seitdem hat Miebach Logistik das Wachstum des Versandhauses beratend, planend und implementierend begleitet bis zu den heutigen Umfängen, die im Wesentlichen auf dem selben Terrain abgewickelt werden wie damals.

Aus einem Katalogsortiment von 120.000 Artikeln, das zweimal im Jahr in der Phase des Katalogwechsels auf über 200.000 Artikel anschwillt, müssen täglich bis zu 100.000 Päckchen und Pakete allein aus der Frankfurter Logistikzentrale verschickt werden. Hinzu kommen Stückgutsendungen mit größeren Artikeln, die aus dem Versandzentrum Heideloh in Sachsen-Anhalt verschickt werden. Weitere Versandzentren wickeln den Versand von Großgeräten wie Fernsehern und Waschmaschinen sowie von Möbeln ab.

Neckermann bezieht jährlich 120.000 Tonnen Handelsware aus 53 Ländern der Erde. Die Anlieferung erfolgt per Schiff, Bahn und Lkw, in Ausnahmefällen auch per Luftfracht. Auf dem Franfurter Betriebsgelände angekommen, wird die Ware entla-

Hintergrund: Zwei Mitarbeiterinnen aus dem Call-Center
1: Das Logistikzentrum in Heideloh im Kreis Bitterfeld. Hier lagert das Stückgutsortiment. 150 Mitarbeiter können bis zu 3,2 Millionen Sendungen im Jahr verschicken.
2, 3: Die Zentrale in Frankfurt. Von hier aus werden jährlich 18 Millionen Päckchen und Pakete verschickt.

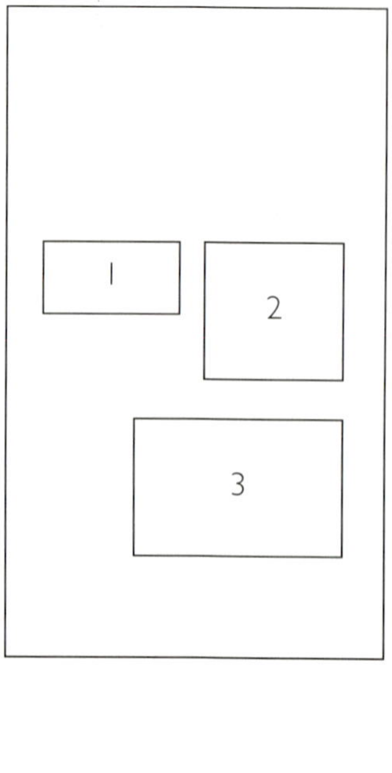

NECKERMANN
neckermann

den, kontrolliert, geprüft und eingelagert.

Reservelager nehmen die Ware zunächst auf

Zwei Hochregallager mit 31.700 Euro-Palettenplätzen und 300.000 Plätzen für Kartons nehmen die Ware auf. Ein Hängewarenlager fasst nochmal 800.000 Teile.

Von hier aus - und das ist das logistische Kunststück - muss die Ware nun in das Kommissionierlager gebracht werden. Die Schwierigkeit besteht darin, herauszurechnen, wieviel Ware im Kommissionierlager liegen muss, damit alle Aufträge abgearbeitet werden können, ohne jedoch so viel Ware dort einzulagern, dass die Kommissionierwege unwirtschaftlich lang werden. Miebach Logistik hat inzwischen drei Studien angefertigt, die immer wieder die Bestände im Kommissionierlager optimiert haben, denn das Sortiment ist von etwa 30.000 Artikeln in den 70er Jahren auf inzwischen bis zu 200.000 angewachsen.

Vom Reservelager in die Kommissionierzone

Aus den Reservelagern wird die Ware über automatische Fördertechnik - gesteuert von einem Zentralrechner - nachgeführt. Ein Karton pro Sekunde oder 35.000 Kartons täglich können aus den Reservelagern über die Förderbrücke ins Kommissionierlager nachgeschoben werden.

Das Kommissionierlager durchfahren Hängegondeln an Hängekreisförderern in Serien von 40 Wagen mit jeweils 20 Schalen. In jeder Schale wird ein Auftrag anhand der bereits ausgedruckten Rechnung gesammelt.

Automatisch Verpacken und postgerecht sortieren

An den Packstationen werden die Schaleninhalte auf Richtigkeit und Vollständigkeit geprüft und verpackt. Die Pakete werden auf ein Transportband gelegt und automatisch verschnürt. Über einen Kippschalensorter, Wendelrutschen und Teleskopförderer werden die Pakete dann an 33 Verladetoren verladen, von denen jedes einem Frachtpostzentrum der Deutschen Post zugeordnet ist. Der gesamte Versandbereich ist aufgebaut wie ein Frachtpostzentrum und so nahtlos ins Postnetz integriert. Neckermann ist einer der drei größten Postkunden in Deutschland - in Hessen der größte.

Hintergrund: Packplatz in der Zentrale in Frankfurt
1: Kommissioniererin bei einer der täglich 72 Kommissionierserien
2: Die vollautomatischen Verschnüranlagen
3, 4: Über einen Sorter werden die Pakete zu einer der 33 Rutschen gebracht, an denen je ein Container für je eines der 33 Frachtzentren der Deutschen Post wartet.

Kontinuierliche Beratung für kontinuierliches Wachstum

Ausgewählte Projekte, bei denen Miebach Logistik Neckermann beraten hat:
- Hochregallager 1: 1984
- Hochregallager 2: 1991
- Reorganisation der zentralen Versandlogistik: 1991
- Automatisches Kartonlager: 1994
- Integration der Außenlagerung und Optimierung der internen Prozesse im Hängewarenlager: 1994 / 2002
- Neues Distributionszentrum Heideloh: 1995
- Umbau des Versandes zu einem Frachtzentrum: 2000
- Einbau von Hochleistungsnachschub-Sortern im Frankfurter Logistikzentrum: 2003

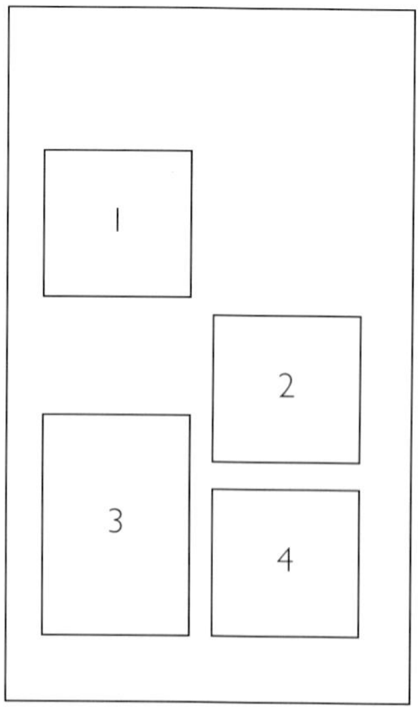

Z 18
Z 18
ZKV 001-15-04-1B
neckermann
versand

Register

Bildnachweis

Seite 5: Institut für Fördertechnik und Logistiksysteme (IFL), Universität Karlsruhe (TH) (Grafiken) und Universität Karlsruhe (TH) (Foto)
Seite 34: Mercedes Benz España
Seite 35, 37, 39, 40, 41: DaimlerChrysler
Seite 43, Hintergrund: BMW AG
Seite 45, Hintergrund: BMW AG
Seite 49, Hintergrund: Fraport AG
Seite 59, Hintergrund: Neckermann Versand AG,
Seite 59 Bild 1, 2: Fiege Engineering GmbH & Co. KG
Seite 63: Hapag-Lloyd AG
Seite 65, Hintergrund: Pracht Spedition + Logistik GmbH
Seite 65, Bild 1, 2 und 3: Siegenia-Aubi KG
Seite 69, Hintergrund: Adler Modemärkte GmbH
Seite 69, Bild 3: Motex GmbH & Co. KG
Seite 71, Hintergrund: Motex GmbH & Co. KG
Seite 73, Hintergrund: Peter Hahn GmbH
Seite 79, 81: Fielmann AG
Seite 85, 87: Santa Isabel S.A.
Seite 89, 91: Disco S.A.
Seite 93, 95: Feldschlösschen Getränke AG
Seite 98, 99, 101: Laboratorios Dr. Esteve S.A.
Seite 103, Hintergrund, Bild 1,2,3: Atotech Deutschland GmbH
Seite 103, Bild 4: ©IBM-Chip auf Keramikträger
Seite 109, 111: Adolf Würth GmbH & Co. KG
Seite 115, Hintergrund, Bild 1: ZF Trading GmbH
Seite 116, Grafik Fördertechnik Sachs Handel GmbH: Simplan AG
Seite 125, Hintergrund, Bild 1,2: QVC Handel GmbH
Seite 127, Bild 1 und 3: QVC Handel GmbH
Seite 129, 131: Neckermann Versand AG

Alle Portraits wurden vom jeweils Abgebildeten zur Verfügung gestellt.
Alle anderen Fotos und Grafiken: Miebach Logistik GmbH

Dank

Wir danken allen Interviewpartnern für Ihre geduldige, präzise und oft unter Termindruck stehende Mitarbeit.

Für die Beschaffung von Informationen, Terminen, Bildern und Freigaben danken wir Susanne Baez, Ulf Bauer, Tina Bayer, Anne Bittorf, Martin Buchberger, Vera Fuhrmann, Torsten Gehrels, Andrea Gerards, Ursula Geyer, Dr. Harald Gleißner, Christoph Hartmann, Meike Herrmann, Brigitte Kallenbrunnen, Gerhard Krauth, Dagmar Krüger, Andreas Lechner, Birgit Lenuweit, Andrea Lorsbach, Thomas Oberle, Susanne Pekoll, Renate Schindler-Tiedemann, Claudia Schwehn, Brigitte Stemmler, Fabiola Wagner und Urte Zutavern.

Besonderer Dank gilt Dr. Volker Krobisch für das Lektorat und Tatjana Kraft für die technische Druckvorbereitung.

Impressum

Herausgeber:
Miebach Logistik GmbH
Untermainanlage 6
60329 Frankfurt
Tel.: + 49 (0) 69 - 27 39 92 - 0
Fax: + 49 (0) 69 - 27 39 92 - 20
frankfurt@miebach.com

Katharienstraße 12
10711 Berlin (Halensee)
Tel.: + 49 (0) 30 - 89 38 32 - 0
Fax: + 49 (0) 30 - 89 38 32 - 90
berlin@miebach.com

Verantwortlich für das Gesamtkonzept: Sprecher der Geschäftsleitung Jürgen Hess
© Miebach Logistik GmbH 2003, http://www.miebach.com
Best. Nr.: 22 606
ISBN 3-931724-80-8
1. Auflage 2003
HUSS-VERLAG GmbH, 80912 München
Herstellung: BAVARIA-DRUCK GmbH, 80910 München